歌德鑑俄

通鑑 版本談

辛德勇 著

Copyright © 2021 by SDX Joint Publishing Company.
All Rights Reserved.
本作品版权由生活·读书·新知三联书店所有。
未经许可,不得翻印。

图书在版编目(CIP)数据

通鉴版本谈/辛德勇著. —北京:生活·读书·新知三联书店,2021.9
ISBN 978-7-108-07213-9

Ⅰ.①通⋯ Ⅱ.①辛⋯ Ⅲ.①《资治通鉴》-版本-研究 Ⅳ.① K204.3

中国版本图书馆 CIP 数据核字(2021)第 156022 号

责任编辑	张 龙	
装帧设计	薛 宇	
责任印制	徐 方	
出版发行	生活·讀書·新知 三联书店	
	(北京市东城区美术馆东街 22 号 100010)	
网 址	www.sdxjpc.com	
经 销	新华书店	
制 作	北京金舵手世纪图文设计有限公司	
印 刷	河北鹏润印刷有限公司	
版 次	2021 年 9 月北京第 1 版	
	2021 年 9 月北京第 1 次印刷	
开 本	880 毫米 × 1230 毫米 1/32 印张 8.125	
字 数	160 千字 图 72 幅	
印 数	0,001-5,000 册	
定 价	65.00 元	

(印装查询:01064002715;邮购查询:01084010542)

作者近照（黎明 摄影）

辛德勇，男，1959年生，北京大学历史学系教授，北京大学古地理与古文献研究中心主任。主要从事中国历史地理学、历史文献学研究，兼事中国地理学史、中国地图学史和中国古代政治史研究。主要著作有《隋唐两京丛考》《古代交通与地理文献研究》《历史的空间与空间的历史》《秦汉政区与边界地理研究》《建元与改元：西汉新莽年号研究》《旧史舆地文录》《石室賸言》《旧史舆地文编》《制造汉武帝》《祭獭食蹠》《海昏侯刘贺》《中国印刷史研究》《〈史记〉新本校勘》《发现燕然山铭》《学人书影（初集）》《海昏侯新论》《生死秦始皇》《辛德勇读书随笔集》《通鉴版本谈》《正史版本谈》等。

自 序

写这本小书,纯粹出于偶然。

这是缘自浙江的传古楼想要影印出版清嘉庆胡克家仿刻的胡注《通鉴》,让我随便谈谈相关的版刻事宜,附印在后面,以供读者参考。孰知我生性好钻牛角尖,认死理,盯住问题就放不开,没法随意敷衍;恰好国家图书馆出版社赶在这个时候影印出版了上海图书馆所藏胡注《通鉴》的元刻初印本,让我具备了深入探讨的客观条件,想写可写的问题也就越来越多,越来越复杂。结果,通过汇集在这里的这些文稿,大体梳理清楚了《资治通鉴》的版刻源流。

《通鉴》是一部重要的编年体史书,颇受读史治史者重视。从狭义的史料价值亦即纪事的独特性和可信性角度来看,两晋南北朝以至唐五代部分,都有重要的史料价值,唐五代部分尤甚。治史者读《通鉴》,同阅读所有古代典籍一样,要想更好地利用其史料价值,就不能不讲究版本。

其实只要稍加思索,大家就很容易明白,不仅是两晋南北朝隋唐五代时期这部分纪事，即使是像秦汉时期这样在纪事方面略无独特价值的内容，由于《资治通鉴》撰著于北宋中期，当时所依据的《史记》《汉书》等原始著述，往往会比后世传本更加准确，更为接近其原始面貌，因而对研治相关史事，也具有很高的参考价值。而要想更好地利用《通鉴》的文本价值，同样需要考究它的版本状况。

长期以来，有一些特别重视《通鉴》史料价值的学者，往往拿起来就用，不甚留意司马光这部书的文献学问题，以致造成一些纰谬。例如田余庆先生依据《通鉴》的纪事来推论汉武帝晚年的政治取向，就是一项很严重的失误。因为只要对读一下《盐铁论》载述的情况，就足以断定《通鉴》相关纪事丝毫不足信据。在这种情况下，学者们对《资治通鉴》的文本，更缺乏应有的关心。

我希望这本小书，对大家了解《通鉴》的版本状况有所帮助，以便更好地利用《资治通鉴》的史料价值。

2021 年 6 月 1 日记

目 次

自 序 · I

所谓兴文署本胡注《通鉴》的真相及其他
　　——写在胡刻《通鉴》影印出版的时候 · I

元刻初印本《通鉴注》中胡三省注记的
　　题写时间及其历史背景 · 95

再谈元刻初印本胡注《通鉴》阙佚的王磐序文 · 133

元印本胡注《通鉴》的纸张与它的刊刻地点 · 147

胡刻胡注《通鉴》的补刻本 · 153

瞪大两眼也看不通的《通鉴》 · 177

附录　本书未论五种宋刻《通鉴》书影 · 245

所谓兴文署本胡注《通鉴》的真相及其他

——写在胡刻《通鉴》影印出版的时候

传古楼影印出版胡克家刻本胡三省注《资治通鉴》，楼主陈志俊先生希望我能在卷末附上几句话，谈谈相关的事宜，以便读者更好地阅读和利用这部史籍。

全面介绍或是评议司马光的《资治通鉴》以及胡三省的注释，我都力不从心。所以在这里想主要就与胡克家这个刻本相关的版本学问题，介绍一下自己了解到的情况，同时也说说自己的认识，和大家交流，供大家参考。

一　元代版刻体系的确立与胡刻底本的真实形态

清嘉庆十七年（壬申，1812）至二十一年（丙子，1816）间，江苏布政使胡克家（是书刻成时胡氏已转任江苏巡抚，中间还出任过安徽巡抚），醵资鸠工，设局于金陵孙星衍家宗祠，刊刻胡三省注《资治通鉴》二百九十四卷附《通鉴释文辩误》十二卷。[1] 按照胡三省自序题署的书名，这个注本的正式名称，应当称作《新注资治通鉴》。因雕版事竣，岁在丙子，世人或以嘉庆丙子刻本称之。书成行世，学人奉为善本。现在通行的中华书局排印本，也是以此胡刻本作为点校的底本，可谓影响深远。

世人重视此胡刻《通鉴》，主要是缘于乾嘉时期兴盛的考据学风尚。考据学讲究实事求是，讲究无征不信，这就需要阅

---

[1]　见胡克家仿刻元本胡注《通鉴》卷末附胡氏跋语，页1b—2a。

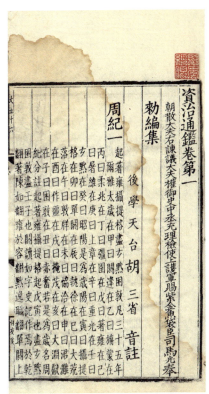

寒斋藏清胡克家仿元刻本胡三省注《资治通鉴》刻书牌记及正文首页

读和利用更接近其原始面貌的经史典籍。

在当时,学者们从事这类研究所面临的最普遍、最突出的问题,是他们能够读到的早期典籍,大多数都是经过明人,特别是明人在嘉靖万历以后的重刻再印才得以流行于世的,而这一时期刊印的古籍,所谓"明人刻书而书亡",就是对其总体状况最形象的概括。也就是说,依赖明人刊刻得以传世行世的这些典籍,内容已经有了诸多重大变易,甚至可以说面目全非。在这种情况下,文史考据,是很难深入进行的。

为打破这一困局,人们只好依据善本重新刻印古籍。当时能够找到的最接近其原始面貌的古籍,是宋元旧本。于是,在版刻史上,就兴起了一股仿刻宋元古本书籍的风尚,而要想刻好一部古籍,最重要的先决条件,是要能够找到那些仅存于世的宋元古本,而且最好还是其中质量上佳的品种,同时又有条件利用这样的宋元古本作为重刻的底本。

幸运的是,我们这位刻书主人胡克家,在嘉庆十八年春赴任江苏布政使之初,就得到这样一部元刻本胡三省注《资治通鉴》。按照胡克家的说法,这是一部"元初旧刻",乃"《钦定天禄琳琅书目》所谓元时官刻本也"[1],故胡刻本卷首牌记背面题曰"元初本重雕/鄱阳胡氏藏板"。两相比照可知,"元初本"的"元初"指的是元朝初年,而不是元代的初刻本。

胡克家指称的"《钦定天禄琳琅书目》所谓元时官刻本也"

---

[1] 见胡克家仿刻元本胡注《通鉴》卷末附胡氏跋语,页1b。

这一说法,见于《钦定天禄琳琅书目》卷五所著录两部胡注《通鉴》之一,其相关文句述曰:

> 篇目同前,有元王磐序……其序称"朝廷于京师创立兴文署,署置令丞并校理四员,厚给禄廪。召集良工,剡刻诸经、子、史版本,流布天下,以《资治通鉴》为起端之首,可为识时事之缓急而审适用之先务"云云。按《元史》载世祖至元二十七年正月,立兴文署,掌经籍版。磐序所言,与史吻合,则知此书乃元时官刻本也。[1]

这部《钦定天禄琳琅书目》纂集成书,时为乾隆四十年(1775)。在我目前所看到的资料当中,指认这一刻本为元时官刻,最早就是出自此。

这一说法,得到清代一些著名版本学专家的认同,或是接受、沿承了这样的认识[2],但王国维后来做过考辨,并不认同《钦定天禄琳琅书目》的判断。

不管于敏中等清臣最初的立论,还是后来别人对它的态度,不拘赞否,都是分析相关史事和文本内容之后得出的认识。对此,下面两节我会专门从同一角度进一步展开论述。在

---

[1] 清于敏中等《天禄琳琅书目》(上海,上海古籍出版社,2007)卷五"资治通鉴"条,页144。
[2] 如清陆心源《仪顾堂题跋》(北京,中华书局,2006,《宋元明清书目题跋丛刊》影印光绪庚寅刊本)卷三《元版资治通鉴跋》,页36。

这里，我想先从版刻史和版本特征的角度来做一分析。

稍微了解一点儿考古学和古文物学的人都知道，古代的器物，不仅有它的时代演变特征，在同一个时代里，往往还会有制作者的特点（比如官窑或民窑的瓷器）和地域差别（考古学的文化区域划分，其中很重要的一个要素就是文物形制的地域差异）。判断一件古代版刻的刊行者和刊刻地点，有时也可以依循同样的原理。不过，这样做的前提，是需要先对这一时期的版刻体系具有充分的认识。这样才能根据对一般规律的既有认识来判断一件有待辨识的印刷品。

在胡克家主持刊刻胡注《通鉴》的时候，收藏和欣赏宋元古本的风尚，虽然早已十分兴盛，学者们对这些早期刻本的重视和追求，也达到了一个时代的高峰，但不管是从文物赏玩的角度看，还是就学术研究的角度而言，并没有形成一个体系性、规律性的认识。人们在判断古籍版刻的时代和其他属性时，依据的还都是十分模糊、十分片面的经验，靠的多半是很不确定的直观感觉。由于认识含混不清，这种感觉也就只可自己暗中揣摩，即只能意会，无法言传。

与胡克家同时人洪亮吉，区分藏书家为考订家、校雠家、收藏家、赏鉴家、掠贩家五等。[1] 这五等藏书家，大致可以囊括当时人认识古籍版刻、利用古籍版刻的基本情况，而作为考

---

[1] 清洪亮吉《北江诗话》（北京，中华书局，2001，《洪亮吉集》本）卷三，页2271。

据学风气弥漫着的学术圈中的一员,洪氏本人对这五等藏书家的优劣评判,显然是顺流而下,每下愈卑的。

现在我们换一个角度,若是脱离开考据研究,仅从对古籍版刻的认识这一角度来看,就要把顺序倒转过来,从后往前数了。这样,在这五等人中,与古籍版刻本身关系最为密切的应该是最末一等人——掠贩家,其次是第四等人赏鉴家。

可按照洪亮吉的描述,所谓掠贩家的本事,也只是"眼别真赝,心知古今,闽本蜀本,一不得欺,宋椠元椠,见而即识"[1]。即使真的完全做到了这些,也还是只知其然而不知其所以然;况且实际上这些人还远达不到这样的程度(由于没有科学的标准,直到晚近时期的大版本学家傅增湘仍然做不到这一点[2])。至于所谓赏鉴家,洪亮吉列举的最具有代表性的人物,是大名鼎鼎的黄丕烈。黄丕烈其人,在当今很多历史文献研究者以及古籍收藏鉴赏爱好者的心目当中,是有崇高地位的,可在并世学人洪亮吉的眼中,不过略胜于书商一等而已,其身怀之能事,也不过"第求精本,独嗜宋刻……刻书之年月最所深悉"而已[3],对版刻的历史发展,仍然缺乏系统的认识。

我在这里讲这些情况,谈这样的认识,是想说明,不管

---

[1] 清洪亮吉《北江诗话》卷三,页2271。
[2] 拙稿《黄永年先生对中国古籍版本学的贡献》,见拙著《翻书说故事》(杭州,浙江大学出版社,2019),页15—16。
[3] 清洪亮吉《北江诗话》卷三,页2271。

是乾隆年间编著《钦定天禄琳琅书目》的清廷文臣,还是嘉庆年间刊刻胡注《通鉴》的胡克家等人,在当时都不具备相应的版本学背景以帮助他们从雕镌特征角度来判断这种元刻本《通鉴》的版刻属性。

洪亮吉对黄丕烈这一类人评价这样低,当今很多专门研究文献学的专家是很不服气的。原因是他们大多不懂一项深邃通透的学术研究到底该怎么做,不理解像黄丕烈那样简单地陈述和描摹古代刻本的某些版刻状态只能说是一种古董家之能事。

不过一门学术的形成,除了个人的主观条件之外,还要有适宜的外部条件。就中国古籍版本学而言,它的产生和发育条件,主要包括如下几个方面:一是古籍收藏的社会化和公开化,它可以保证研究者有充分的条件或直接或间接(主要指书影和影印古籍)地接触到这些古籍。二是近代西方学术理念的输入和接受——这其中一项重要的观念,是系统地归纳和认识古籍版刻的时代特征、地域特征和刊刻者的特性与影响。三是研究者个人要具有足够广博厚重的文史素养。在中国古籍版本学的初生阶段,上述三项条件,不一定都很充分,但对于这门学科的完善来说,则是必不可少的。

情况是从近人王国维开始改变的。我把中国古籍版本学的发展,划分为三个阶段:王国维是创始人,赵万里承前启后,至黄永年始完成这一学科的基本框架结构,也就是全面建立起一套符合现代学术标准的学科体系。[1]

在这里所要讨论的元代刻本方面，不管是王国维，还是他的学生赵万里，都还没有能够总结出彼时版刻的地域特征（其实对宋代版刻地域特征的认识，也存在同样的问题），而《钦定天禄琳琅书目》所说的"元时官刻本"是否属实，就涉及元代版刻的地域特征问题。这是因为于敏中等文臣推定这部元刻本属于"官刻"的依据，是基于卷首所刊翰林学士王磐的序文——这篇序文明确叙述说，其书开版梓行，是由朝廷衙署兴文署主持的。

兴文署创设于当时元朝的中都［元中都在至元九年（1272）改称大都］，也就是现在的北京。依据王磐这篇序文讲述的情况，王国维以为兴文署若是果真刻有《资治通鉴》，应在这一衙署初立之时。当时王氏推测，这部书的具体刻印时间，应在元世祖至元十年前后。[2]大体说来，是在蒙古人于至元八年使用"元"这一国号前后一段时间之内。若是按照《钦定天禄琳琅书目》认定的时间，则在至元二十七年。

在这前后一段时期之内，今北京地区刻印的书籍，传世古籍中只有一部蒙古宪宗六年（1256）赵衍家刻的李贺诗集《歌诗编》。黄永年指出，其刊版字体"是欧体而微近小字蜀本，

---

[1] 别详拙稿《黄永年先生对中国古籍版本学的贡献》，见拙著《翻书说故事》，页6—25。
[2] 王国维《观堂集林》（北京，中华书局，1959）卷二一《元刊本资治通鉴音注跋》，页1047。

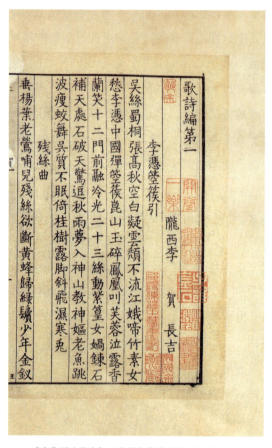

《中华再造善本》丛书影印蒙古宪宗六年(1256)
赵衍家刻本《歌诗编》

不知是特例,抑元时大都刻书均是这种字体"[1]。由于存世实物实在鲜少,要想对此做出直接的指证,得出更确切的结论,目前虽然还无法做到,但古代版刻和所有历史事物一样,其存在形态是有总体规律可以找寻的。

金代的平阳(今山西临汾),是与元大都地域相近而时代稍前的北方刻书中心,所刻书籍世称"平水本"。金平水本的版刻字体,或与宋浙本相同,作欧体;或是在欧体的基础上加入一部分颜体的成分,而字形仍很挺拔。入元以后的平水刻书,虽然"比金平水本更接近颜体,但较挺拔,和元建本之圆劲者又有所不同,易于区别"[2]。这意味着元朝初年今北京地区的刻书,若是受到平水刻书的影响,其字体风格亦应大致相类。

若是越过金朝再向上追溯今北京地区刻书字体的渊源,那么,我们可以看到,应县木塔发现的那一批辽刻本佛经和其他典籍,凡是明确镌记有刊刻地点的,都是刊刻于辽之燕京,也就是所谓南京,即今北京城。[3]另外,大藏经中的《契丹藏》也是刊印于此。这显示今北京是当时北方辽国境内最大的雕版印刷中心,而这些刻本的字体都是字形较为古拙的欧体。[4]溯其渊源,这样的风格,应是既与北宋都城开封的欧体字传统有

---

[1] 黄永年《古籍版本学》(南京,江苏教育出版社,2009),页104。
[2] 黄永年《古籍版本学》,页85、104。
[3] 山西省文物局、中国历史博物馆主编《应县木塔辽代秘藏》(北京,文物出版社,1991),页19—551。
[4] 黄永年《古籍版本学》,页83。

觀上贊

皇化保 壬 聖祚以弥堅下福舍靈興法城
而益固乃為頌曰
已承賢聖力 略贊甚深文 普施諸群生
速成無上果

釋摩訶衍論通贊疏卷第十

咸雍七年十月　日燕京弘法寺奉
宣校勘雕印流通

殿主講經覺慧大德臣沙門行安勾當
都勾當講經詮法大德臣沙門玄雍校勘
右街天王寺講經論文英大德賜紫臣沙門志延校勘
印經院判官朝散郎守太子中舍驍騎尉賜緋魚袋臣韓資睦提點

应县木塔所出辽燕京刻经
（据山西省文物局、中国历史博物馆主编《应县木塔辽代秘藏》）

关，也是因为辽的雕版印刷事业远不如北宋发达，因而技术还较为低劣。

这样上下左右通贯起来推测，我们讨论的这部胡注《通鉴》，若果然是在元代初年在兴文署主持下开版于今北京城中，其字体形态或较古拙（黄永年谓蒙古宪宗时期刊刻的《歌诗编》"是欧体而微近小字蜀本"，这种"小字蜀本"或者更准确地说是蜀刻十一行小字本之"古拙"气[1]，我理解，是一种承自唐五代刻本的稚拙），或渗入一定的颜体成分，但最基本的骨干性特征还是欧体。

若是以此认识为基础来审视这部胡注《通鉴》的字体，还需要强调指出，黄永年不仅对中国古代各个历史时期和各个特色地域版刻的字体、版式都做出了科学的归纳和明确的表述，而且在元代建阳书坊版刻特征方面，还通过对一些典型事例的认识，显示出比王国维和赵万里师徒二人更加科学的见识。

这就是在赵万里编著的《中国版刻图录》一书中，承袭乃师王国维的见解，作为元代杭州刻本，收入一种《古杭新刊的本关大王单刀会》。他这样处理，是因为这一刻本的书名上带有"古杭新刊的本"字样。这个《关大王单刀会》，本是元曲选本《古今杂剧》三十种中的一种。在这三十种之中，另有四

---

[1] 黄永年《古籍版本学》，页104。又黄永年《古文献学四讲》（厦门，鹭江出版社，2003）之《版本学》，页178。

种在实质性的书名前面冠有"大都新编"或"大都新刊"的字样。黄永年依据自己对建阳书坊刻书字体和版式特征的认识,再加上对社会文化习俗的认识,清楚地指出,这些带有"大都新编""大都新刊"和"古杭新刊的本"字样的书籍,绝不是刻于今北京或杭州,都应该是建阳书坊的产品。

我们完全可以把这样的认识视作一个显著的标志——它标志着元代版刻体系已经全面确立。这也意味着在王国维以至赵万里的时代,人们在讨论元刻本胡注《通鉴》的刊刻地点和刻书主人时,还不具备相应的条件从元代版刻体系出发来认识这一问题,可我们现在是有条件做到这一点的。

审视这部元刻本胡注《通鉴》的书影,我们可以看到,它具有如下版刻特征:圆劲的颜体字,黑口,双鱼尾,四周双边。按照黄永年确立的元代版刻体系,这都是元建本的典型特征[1],而同前面讲述的元代今北京地区的版刻字体,是有重大差异的。

基于这样的情况,我认为,从版刻特点上,就完全可以把这部元刻本胡注《通鉴》彻底排除在所谓兴文署刻本之外。这样认识这一问题,还有一个重要原因,那就是今北京地区距离福建建阳太遥远了,在当时的条件下,我们还看不到任何迹象显示出建阳书坊的刻工有北上大都打工的可能。

---

[1] 黄永年《古籍版本学》,页103。

上海图书馆藏元刻初印本胡三省注《资治通鉴》正文首页

二 并不存在的兴文署本胡注《通鉴》与兴文署刻书

下面，再让我们从相关史事和文本内容方面来看一下这部元刻本胡注《通鉴》是否有可能是所谓兴文署刻本。如前所述，这也是从清人于敏中到近人王国维以及许多现代学者共同的分析路径，而我将在已有研究的基础上，进一步论证相关问题。

如前所述，于敏中等清臣在《钦定天禄琳琅书目》中判断"此书乃元时官刻本也"，依据的是王磐序文讲述兴文署主持梓行此书，而《元史》记载此兴文署设立于世祖至元二十七年（1290）正月，于敏中等人因知"磐序所言，与史吻合"，从而得出了上述结论。

这一论断，看起来俨乎其然，可实际上却是完全站不住脚的。这是因为稍一检核王磐的序文，即可见他说的刻书时间乃是"京师创立兴文署"之初，当时是要以刊刻《资治通鉴》作为该署司掌的刻书事业"起端之首"[1]，而复按《元史》可知，《钦定天禄琳琅书目》所谓至元二十七年设立兴文署事，同王磐序文的说法和历史实际都是有明显出入的。

《元史·世祖纪》记云：

> （至元二十七年）春正月……癸酉……复立兴文署，掌经籍板及江南学田钱谷。[2]

---

[1] 见胡克家仿刻元本胡注《通鉴》卷首王磐《兴文署新刊资治通鉴序》，页 2b。
[2] 《元史》（北京，中华书局，1976）卷一六《世祖纪》十三，页 334。

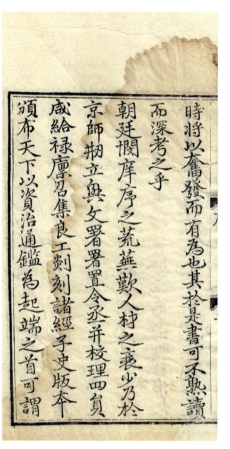

寒斋藏清胡克家仿元刻本胡三省注《资治通鉴》卷首王磐序文

请看"复立"二字,已清楚地说明兴文署是重置而不是初创。这是它与王磐序文不合的第一点。接下来我们再看"掌经籍板及江南学田钱谷"这句话,讲的分明是掌管经史典籍之书版而不是主持雕镌书版。这是在元军灭宋之后,因"宋社既墟,诏令湖南宪使卢挚,以内翰籍江南诸郡在官四库精善书板,舟致京师,付兴文署"[1],实乃事出有因,有特殊的缘由和独特的需要,绝不是简单恢复旧有的设置。更明确地讲,这个重设的兴文署,只是管理这些掳掠来的宋人旧有书版,而不再自行新刻其他书籍。这是它与王磐序文不合的第二点。

关于这个兴文署以及它同元朝刻书事业的关系,历史文献的记载比较模糊。这样的情况,也会妨碍人们准确地认识所谓兴文署本《通鉴》。因此,在这里须稍费笔墨,对相关记载加以梳理和辨析。

首先,在最初设立的时候,兴文署乃是一个专门掌管刻书事宜的机构。

溯其本原,元人的兴文署,是源自金人在北方刻书中心平阳设立的"书籍所"[2]。这个"书籍所"的职能,主要是管理平水书坊的刻书,特别是组织书坊代官府刻书。

---

[1] 元姚燧《牧庵集》(上海,商务印书馆,民国《四部丛刊初编》影印清《武英殿聚珍版书》本)卷三《读史管见序》,页1a。

[2] 《金史》(北京,中华书局,1975)卷二六《地理志》下,页634。清钱大昕《潜研堂文集》(清嘉庆原刻本)卷二七《跋平水新刊韵略》,页21a。别详拙稿《山西与中国古代的出版印刷》,待刊。

牧庵集卷三

元 姚燧 撰

序

讀史管見序

讀史管見序

宋社既墟詔令湖南憲使盧摯以內翰籍江南諸郡在官四庫精善書板舟致京師付興文署以故宣之致堂讀史管見亦歸興文自是庠後學之士廢讀是書大德辛丑燧持憲節使江之東物色久之明年得本旌德呂氏之塾而劉安官校是邦會其月廩師生之餘穀充于

《四部丛刊初编》影印清《武英殿聚珍版》本《牧庵集》

蒙古人入居中原的初期，继承了金人这一设置。史载太宗窝阔台八年（1236）六月，"耶律楚材请立编修所于燕京，经籍所于平阳，编集经史，召儒士梁陟充长官，以王万庆、赵著副之。"[1] 联系此前金人所设的书籍所，蒙古人设在平阳的这个经籍所，发挥的只能是同样的功能，即如清人钱大昕所言："元太宗八年，用耶律楚材言，立经籍所平阳，当是因金之旧。"[2] 原因还是缘于这里是北方黄河流域最为重要的版刻中心，不然是不会在这么一个地方特别设立一个中央政府的直属机构的。元人程钜夫记述说，当时有一个名叫陈庚的平阳府学教授，"会中书令耶律铸奏置经籍所平阳，命公校雠，领所事"[3]（案文中"耶律铸"应为"耶律楚材"之讹），这位陈公"领所事"而司"校雠"，足以确证平阳经籍所的功能就是管理刻书事宜。平阳经籍所设置的下一年，也就是太宗九年，朝廷即在平阳动工刊刻了规模宏大的道藏——《玄都宝藏》。这一大型雕版印刷工程，就是体现这个经籍所功效的突出事例。

由"经籍所"来监管书坊刻书的这种情况，随着蒙古人决意彻底吞并南宋而发生改变。史载元世祖至元三年十月，"徙平阳经籍所于京师"[4]，即将其迁至当时的元中都，也就是现在

---

[1] 《元史》卷二《太宗纪》，页34。
[2] 清钱大昕《潜研堂文集》卷二七《跋平水新刊韵略》，页21a。
[3] 元程钜夫《雪楼集》（台北，台湾商务印书馆，1986，影印文渊阁《四库全书》本）卷二一《故平阳路提举学校官陈先生墓碑》，页16a。
[4] 《元史》卷六《世祖纪》三，页112。

的北京城。在"经籍所"迁往中都四个月后的至元四年二月,朝廷又宣布"改经籍所为弘文院"[1]。不过这个"弘文院"也没有维持多长时间,不久就改名为"兴文署"[2]。

所谓兴文署的初立时间,实际上也就是这次将弘文院改名为兴文署的时间。遗憾的是,对这次改名究竟发生在哪一年,文献中没有清楚的记载。在元人王士点等人纂集的《秘书监志》一书中,录有如下一条事项:

> 至元十年十一月初七日,太保大司农奏过事内一件:"兴文署掌雕印文书,交属秘书监呵,怎生?"奉圣旨:"那般者。"钦此。[3]

依此,在至元十年接近年底的时候,朝廷决定将兴文署划归秘书监管辖。这是"兴文署"一称见诸史籍的最早记载,其初改此名的时间,自应在"至元十年十一月初七日"这一天之前。至于具体到什么时候,现在完全无从推考,只能说元朝初设兴文署大致是在至元五年到至元九年这五年时间之内。需要指出的是,对比胡刻《通鉴》卷首王磐所云兴文署乃主持"刻刻诸

---

[1] 《元史》卷六《世祖纪》三,页114。
[2] 参据柯劭忞《新元史》(民国九年天津退耕堂刻本)卷五七《百官志》,页15a。
[3] 元王士点、商企翁《秘书监志》(杭州,浙江古籍出版社,1992)卷七,页131。

经、子、史版本"事宜的说法[1]，可知这里所说"文书"，就是"诸经、子、史"等项书籍。

不过兴文署划归秘书监属下不久，到至元十三年年底，又有新的调整。《秘书监志》复记云：

> 至元十三年十二月，中书省奏："奉圣旨，省并衙门。内兴文署并入翰林院，王待制兼管。有印造每年历日事物拨附秘书监亲管。王待制牒保都作头董济于本监依旧勾当，只受吏部札请俸，依上勾当。"[2]

这是说又改将兴文署并入翰林院，而独留"印造每年历日事物"于秘书监内。

至于归入翰林院之后的兴文署在什么时候又被裁撤，史籍没有记载，但至少存留到了至元二十年。《元史·尚野传》记述尚野"至元十八年，以处士征为国史院编修官。二十年，兼兴文署丞"[3]。

这样综合起来，大致从世祖至元五年至九年间起直到至元二十年或稍后这一段时间内的兴文署，不管是作为一个独立的机构，还是归属于秘书监或翰林院之下，其基本职事，一直是沿承金人书籍所和蒙古太宗经籍所的旧规，司掌刻书事宜。对

---

[1] 见胡克家仿刻元本胡注《通鉴》卷首王磐《兴文署新刊资治通鉴序》，页2b。
[2] 元王士点、商企翁《秘书监志》卷七，页132。
[3] 《元史》卷一六四《尚野传》，页3860。

比前后朝代，这也可以说是元朝时期在京城中安排的一个很特殊的设置。其间唯一的变化，只是至元十三年年底省并衙门时将"印造每年历日事物"从中剥离出去而已。同至元二十七年重设的兴文署相比，后者只管既有的书版而不另刻新书，二者的职事是完全不同的。

王国维在《元刊本资治通鉴音注跋》一文中否定这一刻本系兴文署本之说，其首先的切入点，即谓"至元十年已有兴文署……则刻印《通鉴》自当在此前后，而胡梅磵（德勇案：胡三省号梅磵）《通鉴注》成于至元二十三年，远在设兴文署之后。又王磐致仕在至元二十一年以前，亦无从为胡注作序"[1]。了解到元朝兴文署的设置经过，更容易理解这确是一项很精当的认识，而结合前文各项论述，愈可知今传元刻本胡注《通鉴》绝非兴文署所刻。

唯王国维谓胡三省注成书于至元二十三年[2]，疑有笔误，或是制版的疏忽。盖胡三省书自序署作"旃蒙作噩"岁冬至之日，亦即乙酉年冬至这一天，又胡氏序文中也说"泛乙酉冬，乃克彻编"[3]，而乙酉乃至元二十二年。王国维在《传书堂藏善本书志》中叙述其事，即谓"胡氏《通鉴注》成在至元二十

---

[1] 王国维《观堂集林》卷二一《元刊本资治通鉴音注跋》，页1047。
[2] 案王国维《两浙古刊本考》（上海，上海古籍书店，1983，《王国维遗书》本）卷下（页524—525）述此书成书时间，亦作"至元二十三年"。
[3] 见胡克家仿刻元本胡注《通鉴》卷首胡氏《新注资治通鉴序》，页4b—5b。

年"[1]。不过上海图书馆藏元刻初印本《通鉴》存有多条胡三省的注记，已述及至元二十九年事。盖此书最终写成定稿乃在序文撰就之后，而且后来还遭遇了重大变故，书稿经过修补，元刻本乃据后来修补者上梓。由此可以进一步确认，其书印行于世，乃与兴文署略无关涉。

三 《通鉴》胡注的写定过程以及它与所谓兴文署本《资治通鉴》的关系

元刻本胡注《通鉴》既然与王磐作序的兴文署刻本毫无关系，那么，王磐作序的《通鉴》又是怎样一部书呢？或者说元兴文署本《通鉴》的本来面目是什么样呢？

关于这一点，王国维在考述元刊本胡注《通鉴》时已经做过解释，其说如下：

> 王氏序中无一语及于梅磵，则王氏所序，兴文署所

---

[1] 王国维《传书堂藏善本书志》(台北，大通书局，1976，《王国维先生全集续编》影印王氏增订稿本)，页2888。案王国维论元刻本胡注《通鉴》的版本问题，共有三处：一是《传书堂藏善本书志》(除大通书局版本之外，另有2010年国家图书馆出版社影印王氏初稿本)，二是《元刊本资治通鉴音注跋》一文，三是《两浙古刊本考》。其先后关系虽尚待详考，但斟酌其文词，似应以《传书堂藏善本书志》在先，其次为《两浙古刊本考》，最后才是《元刊本资治通鉴音注跋》这一专文。

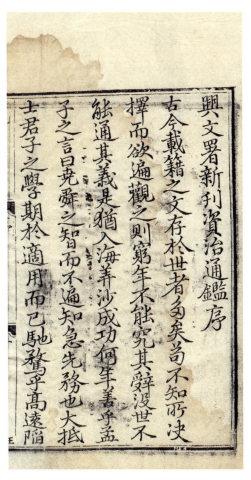

寒斋藏清胡克家仿元刻本胡三省注《资治通鉴》卷首
王磐序文首页

刊,自为温公原书,非胡注也……与胡注无与也。[1]

在摒除王磐序文与元刻本胡注《通鉴》的关联之后,再稍加认真读过王磐的序文,看到这篇序文通篇讲的都是司马光《通鉴》的事儿,甚至连篇首第一行的标题也只是书作"兴文署新刊资治通鉴序",不管是谁,恐怕都只能得出这样的结论。

不过看破这一点之后,自然会有一个问题出现在人们的面前——这就是为什么在元刻本胡注《通鉴》上会带有这篇王磐的序文?

王国维当然不会不考虑这个问题,而且在考辨元刻本胡注《通鉴》的版本问题时就对此做出了解释:

> 梅磵自序,谓初撰《通鉴广注》九十七卷,本用陆氏《经典释文》例,与本书别行。丙子避地越之新昌,失其书。乱定反室,复购他本为之注,始以《考异》及所注者散入《通鉴》各文之下云云。案丙子即宋亡之岁,梅磵丙子后所得之他本,盖即兴文署刊本。因注于此本之上,后来刊注时,遂并王序刊之。[2]

乍一看,有些人可能会感到发蒙,我先来简单解释一下。

---

[1] 王国维《观堂集林》卷二一《元刊本资治通鉴音注跋》,页1047—1048。
[2] 王国维《观堂集林》卷二一《元刊本资治通鉴音注跋》,页1047—1048。

这段话的大意是说，按照胡三省自序的说法，他最初撰著的《通鉴》注，是按照唐人陆德明《经典释文》的体例，与司马光《资治通鉴》本文分开，另作一本书单独行世，题作《通鉴广注》。但这部《通鉴广注》的书稿后来在宋末的社会动荡中毁失。至赵宋亡国之后，胡三省又另外购买到一部《资治通鉴》，重做注释，这才把他的注文以及司马光的《资治通鉴考异》都散入《通鉴》正文相应的位置之下，而这部他新买来的《资治通鉴》，就是王磐作序的元朝兴文署刻本。这样，王磐的那篇《兴文署新刊资治通鉴序》就随同胡三省所用底本而被带到了元刻本胡注《通鉴》当中。

　　对于那些不太了解中国古代文献体例的读者朋友，我还要特别强调一下王国维谈到的胡注《通鉴》前后两稿的不同体例。胡三省在所注《通鉴》序文里谈到的陆德明《经典释文》的体例，是从所注释的典籍中摘取与具体注释内容直接相关的文句，再在下面附加自己的释文。中国古代典籍的早期注疏文字，都是采用这种形式。其主要原因，是全面抄写原文费时费力还耗费材料，成事殊为不易。后来随着纸张和印刷术的广泛流行，才逐渐比较普遍地把注释的内容散开，一一添附在所注释的原文之下，一并通行于世。按照王国维的理解，胡三省在丙子岁宋亡之后，新得"他本"《资治通鉴》，亦即获得了所谓兴文署刊本，这才改变旧有的著述形式，把新撰的注释《通鉴》的内容，逐一散附到这部《通鉴》的正文之下。

　　王国维上述认识，可谓大体不误，体现出通贯的学术眼光，但若仔细斟酌，也存在一定问题，特别是我们这里所要讨论的元刻本胡注《通鉴》中司马光书的底本问题，很可能存在根本性错误；另外，在其他方面，也还有一些细节，需要展开说明。

在上海图书馆藏元刻初印本胡注《通鉴》书中，在很多卷的篇末，刻有胡三省在写成定稿过程中添附的注记，其中刻在第一百七十一卷篇末的这条注记最长，也最重要，向我们透露出此书定稿的撰著过程以及使用底本的情况，其文如下：

是书成于戊子七月。

始余客鄞，鄞友袁伯长好是书，求传写。每脱稿辄授之，或十卷，或二十卷。后客越，越友王理得、钱澹翁等数人亦求传写，余以稿本授之。越友好是书者虽多，率数月辄弃去，唯理得、澹翁欲卒业。澹翁于余本有去取，理得摹写精细，自周至唐，二百有余卷。

伯长是年十月俾来，余以脱稿本自一百七十一卷至一百九十卷凡廿卷授之。

次年正月，鄞大火，中夜及伯长所居，是书留清容者并烬焉。

二月，妖贼杨镇龙起玉山，焚天台、新昌、嵊县，犯猎诸暨、东易（当为"昜"字之讹，案"昜"乃"阳"之古体）、金华，进薄婺城而败。余党溃归吾乡者，复啸聚，焚奉化、宁海。大兵来讨之，逸德之烈，不分玉石，烧荡室庐，系累屠杀者什七八。

余携家入深山，箧稿本、椟脱稿本授二仆，一寘古冢丛棘中，一瘗地中。兵退余归，瘗诸地者幸存；寘丛棘者唯空箧在，然箧中有笔二十余枝，笔存而书亡，意为好事者取去，而无从致诘。然《唐纪》数十卷留理得所，《目录》三十卷留椟中，彼其所得者亦非完书也。余既无居室，且官司不务抚宁荒余，鱼涸而禽狝之，不得以苟生，遂流寓奉化之连山，儿辈就先人墓左结小庐。

庚寅年成，余始归。官司抄数户口，凡业儒者蠲征徭。抄数未定，吏胥乘隙，虐以重役，岁三四至。余赀仅存者，罄于买复，未暇修习旧读。

又次年，抄数定，上司稍重儒学，有至邑者，每访问加礼貌。余父子始收拾旧书，脱简间编乱人意。

壬辰春三月，如鄞访伯长，时理得存（当为"在"字之讹）焉，问其所传本，云为廉访司官取去。鄞城藏书故家多毁，无从假借。伯长近收《通鉴》，乃汴都枣木本，出于张氏初寮所校，标题点勘，皆其手笔。犹恨其差误有失刊改，句读有失所者。其书朱墨精鲜，装䌙华净。伯长谓余曰："某家今仅有此本，先生其以归，补注前书，足成一家言。"余念余家诸孙多，稍长者浼壁书窗，幼者涂泼棐几，一有将护不谨，有累友道，难之。既又念此书不可不补，且携二帙八卷以归。

四月至家，先务博采旁搜，而后着笔。

五月辛丑起写，乙巳毕卷。

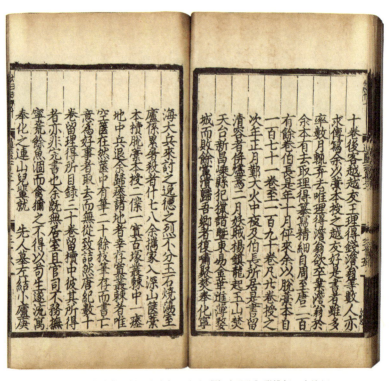

上海图书馆藏元刻初印本胡三省注《资治通鉴》附镌胡三省注记

这段注记的重要性,不仅在于它提供了胡三省此书加工定稿阶段的具体处理情况,同时也可以帮助我们重新认识胡三省在至元二十二年(1285)撰写的序文。换句话来说,只有把这段注记与胡三省的序文相结合,才能充分理解二者的内在含义。

结合胡三省的自序来分析这段注记,可以得出下述几项认识。

第一,胡氏这条注记起首云"是书成于戊子七月",即谓此书撰成于至元二十五年。这与元刻本胡氏前言题署的成稿年份至元二十二年明显不同。

尽管胡三省此书还另附有《通鉴释文辩误》十二卷,而在《通鉴释文辩误》篇末镌有一篇题署于"丁亥春二月辛亥"的跋文,丁亥岁为至元二十四年,显示其成书时间比《通鉴注》要晚一些,即使是把这个年月看作全书最后的写定时间,这与胡氏注记所讲的"是书成于戊子七月"仍然要早一年半左右,其间必定另有原因。

第二,胡三省自序称自"宝祐丙辰出身进士科,始得大肆其力于是书",至"咸淳庚午"年间以前,也就是从宋理宗宝祐四年(1256)到度宗咸淳六年(1270)十四年间,胡氏完成了他注释《通鉴》的第一阶段工作,乃"依陆德明《经典释文》,厘为《广注》九十七卷,著论十篇,自周讫五代,略叙兴亡"[1]。

---

[1] 见胡克家仿刻元本胡注《通鉴》卷首胡氏《新注资治通鉴序》,页4a—4b。

依照古人通行的惯例，这部《广注》，全名显然应该是王国维所说的《通鉴广注》。遗憾的是，这部书稿在王国维所说丙子宋亡之岁，毁失于兵乱之中。

第三，从王国维所说丙子宋亡之岁（1276）起，到胡三省在序文中所说写定《通鉴注》的乙酉年，即元世祖至元二十二年（1285），前后约九年时间，胡三省又"购得他本为之注，始以《考异》及所注者散入《通鉴》各文之下，历法、天文则随《目录》所书而附注焉"[1]。这是胡三省在《通鉴广注》书稿业已毁失的情况下，不得不重头做起，再注《通鉴》。这是胡三省注《通鉴》第二阶段的工作。

析分开来，在这一阶段，胡三省做了如下三件事情：（1）改变原来单列别行的做法，把重做的注释，直接散入《通鉴》本文之中。（2）司马光另撰有《资治通鉴考异》，本单独成书而与《通鉴》并行，这次胡三省把这部《通鉴考异》也一并散入《通鉴》本文相应的位置之下。需要注意的是，胡三省在注释《通鉴》本文的同时，也对《考异》做有注释，只是注释的数量不是很多，在胡注《通鉴》中二者的形式有时也不大容易分别，所以一般人读书可能不大注意（学者今天利用《通鉴考异》，遇到需要区分司马光原文和胡三省注文的地方，最好对读单行本《考异》）。（3）司马光还撰有一部《资治通鉴目录》，也像《通鉴考异》一样与《资治通鉴》相辅而行。除了提纲挈

---

[1] 见胡克家仿刻元本胡注《通鉴》卷首胡氏《新注资治通鉴序》，页4b。

领地标示每一年的大事之外,《通鉴目录》还标记重要的天象和历法事项。胡三省对它也做了注释,但并没有像《通鉴考异》一样散入《通鉴》本文之内,只是随《目录》而注之。

与毁失的原稿相比,胡注虽然增加了很多内容,但我们在这里已经看不到"著论十篇"何在。陈垣对胡三省书尝有评议云:"胡注《通鉴》,评论亦众。"[1]此十篇所论虽然没有以独立的形式附入《通鉴》,却应有很多内容已经被散入相关的注文当中。

第四,行文至此,必须对胡三省注记中谈到的"稿本"和"脱稿本"做出说明。

在这条注记中,我们可以看到,胡三省在《通鉴广注》书稿毁失后重做的注释,曾存有两部稿本,一曰"稿本",一名"脱稿本"。综合考虑相关因素,我认为,所谓"稿本"是指胡氏《通鉴注》的工作草稿,而"脱稿本"则是胡氏在此基础上修补润色再写录誊清的定稿。又胡三省注记中有这样一段话:"始余客鄞,鄞友袁伯长(德勇案:袁桷字伯长)好是书,求传写。每脱稿辄授之,或十卷,或二十卷。"按照同样的词语使用习惯,这里讲的"每脱稿",应当也是指写定"脱稿本"。

第五,上海图书馆所藏元刻初印本中其余那些胡三省的注记,基本上都是简单说明其最后定稿,也就是"脱稿本"具体卷次的写录时间。虽然只在很少一小部分卷次的篇末存有这些

---

[1] 陈垣《通鉴胡注表微》(沈阳,辽宁教育出版社,1997),页106。

注记，但还是反映出其起讫时间的大致情况。

需要说明的是，这些时间注记，绝大多数都是只记月份和纪日的干支，并没有冠加年份，原来的注记文字，在一些关键文字上还有错讹，这里确定的年份，是我自己推定的。具体的推定办法，不在这里详细说明，以后若有合适时机再另行说明，但所推定的结论有历法原理做支撑，是确切无疑的。

第一条这样注记的时间，是至元十九年四月二十九日，刻在第七卷的篇末。根据至元二十九年闰六月初四写的另一条注记，可知写录定本时，一开始是交给他的大儿子胡长文来做的。不过胡长文只写了二十几卷的样子，胡三省并没有一直让他的儿子继续做下去，很快就改由他自己写录了。胡三省的第四个儿子胡幼文为他的墓碑撰写碑文，称"旧注司马公《通鉴》，中经散逸，购求他本为批注，手自抄录，虽祁寒暑雨不废。诸子以年高不宜为言，则曰：'吾成此书，死而无憾。'"[1]此语可以证明这"脱稿本"的绝大部分都是由胡三省自己亲笔写定的。

顺下来，断断续续，最后一条留下来的"脱稿本"写录时间，是至元二十四年九月二十九日，注记的位置是在第二百八十三卷的篇末。

《资治通鉴》全书二百九十四卷，写录至此，剩下来还有十一卷没有写定。另外《通鉴释文辩误》还有十二卷之多（看《通鉴注》的主文在至元二十二年写序时都还没有写定，这附属

---

[1] 光绪《宁海县志》卷二〇胡幼文撰《胡身之墓碑》，页23b。

的《通鉴释文辩误》在至元二十四年二月写跋时同样还只是完成了草稿而并未誊清定本,也可想而知)。两者加在一起,共三十三卷。估计等写好这剩下的三十三卷书稿,再加上一些其他的附属工作,就到了至元二十五年七月胡三省所说的成书时间了。

简单地说,胡三省在至元二十二年冬至写成的序文,只是就此书初稿也就是"稿本"而言,而这条注记中记述的至元二十五年七月才是其定本"脱稿本"写成的时间。

第六,如上所述,依据这条注记透露的情况,胡三省在至元二十五年七月写成的定稿,即所谓"脱稿本"。这个"脱稿本"曾另有部分过录本一度留存于鄞县袁桷处。同时,作为草稿的"稿本"在全稿写定之前也有传抄流传。

胡三省在注记中述说,他在戊子年即至元二十五年写定全部书稿之前,曾在客居越地(绍兴)期间,陆续让许多友人传写过一部分初定的"稿本",其中王理得(名易简)、钱澹翁(名未详)二人甚至持续抄录了全部书稿。王理得"摹写精细,自周至唐,二百有余卷",而钱澹翁的抄本则对原稿有所节略,即胡氏所说有所"去取"。

当至元二十二年撰著完成此书主体部分亦即对《通鉴》本文的注释之前,胡三省曾有一段时间是居住在鄞县友人袁桷的家塾之中[1],所以袁桷能够随着胡氏逐渐写定"脱稿本",随

---

[1] 元袁桷《清容居士集》(上海,商务印书馆,民国《四部丛刊初编》影印元刊本)卷三三《师友渊源录》,页17a。

写随录,抄录了此书很大一部分定稿。后来在至元二十五年十月,也就是胡三省清定完毕全部书稿两个多月之后,袁桷又打发仆人到宁海胡三省家中请求移录[1],于是,胡氏"以脱稿本自一百七十一卷至一百九十卷凡廿卷授之"。

可是,遗憾的是,第二年即至元二十六年的正月,鄞县发生了一场大火,半夜延烧到袁桷的住宅,胡三省《通鉴注》这二十卷定稿,亦遭毁失,同时也烧掉了袁桷此前依据"脱稿本"抄录的那些书稿。

第七,依据这条胡三省的注记,我们可以知道,不管是初写"稿本",还是后来改定的"脱稿本",本来都保存在胡三省手边;更具体地讲,是存留在他宁海家中。

然而不幸的是,就在他写成全部定稿之后的下一年,也就是至元二十六年的二月,有"妖贼杨镇龙起玉山,焚天台、新昌、嵊县,犯猎诸暨、东易〔易〕、金华,进薄婺城而败。余党溃归吾乡者复啸聚,焚奉化、宁海。大兵来讨之,逸德之烈,不分玉石,烧荡室庐,系累屠杀者什七八"。这位"妖贼杨镇龙",即属史家所云元初"江南群盗"之一。胡三省的家乡宁海也遭受严重影响,不管所谓"妖贼",还是官兵,对民众都是同样烧杀抢掠。胡氏只好"携家入深山,箧稿本、椟脱

---

[1] 案胡三省注《通鉴》自署籍贯为"天台",友人袁桷在《师友渊源录》(《清容居士集》卷三三,页17a)里也称胡氏为"天台人",但这应该是因台州得名于境内天台山而以"天台"代指台州。胡三省实为台州宁海县人,见光绪《宁海县志》卷二〇(页23a—24b)载其子幼文撰《胡身之墓碑》。

先子命楠受業門下十年
胡三省天台人寶祐進士賈相館之釋通
鑑三十年兵難薨三失乙酉歲留袁氏塾
日手抄定註己丑冠作以書藏窨中得免
定註今在家
吳浚建昌人喜論兵爲建康參議數淩侮
郡將賈相督師舟泊龍灣客謁不得入吳
大慟賈奇之後入爲王宮教授累遷起居
舍人嘗薦先子于陳丞相入南起義兵
事不濟議降文丞相救之

《四部丛刊初编》影印元刊本《清容居士集》

稿本授二仆,一寘古冢丛棘中,一瘞地中。兵退余归,瘞诸地者幸存;寘丛棘者唯空箧在"。

按照我的理解,这存在书箧里的初写"稿本",由于被仆人放置在丛棘之中,很容易被人发现,所以遭贼窃走。这个窃贼还是文化较高的内行,因为"箧中有笔二十余枝,笔存而书亡",故知窃贼贪的不是财物。偷书不算偷,偷书稿更算不得偷,所以胡三省是用一个很文雅的词句,把他称作"好事者"。

不幸中的万幸,是装在书椟中的清定"脱稿本",由于仆人谨慎,把它埋在地下,未被"好事者"发现,因而得以幸存未失。

附带说明一下,我之所以会把这种"脱稿本"认作胡注《通鉴》的誊清正本,胡氏友人袁桷在《师友渊源录》里讲的这段话,也是一项重要的佐证:

> 胡三省,天台人,宝祐进士。贾相馆之。释《通鉴》三十年。兵难,稿三失。乙酉岁,留袁氏塾日,手抄定注。己丑寇作,以书藏窖中得免。定注今在家。[1]

如其所记,当至元二十二年也就是乙酉岁胡三省写定注稿的时候,是在袁桷家塾,而袁氏特地标明这个注稿是"定注",自是与先有"未定"之稿相对而言。这里所说"己丑寇作,以

---

[1] 元袁桷《清容居士集》卷三三《师友渊源录》,页17a。

书藏窖中得免",乃指至元二十六年兵匪交乱之后幸存下来的"脱稿本"("书藏窖中"当即胡氏所言为仆人瘗与"地中"者,"定注今在家"指的也是胡三省自己在宁海的家。过去清人全祖望曾误解《师友渊源录》原意,谓"梅磵是书成于湖上,藏于湖上",此"湖上"是指鄞县南湖之上的袁家,并指认袁桷故居东轩一石窖为"梅磵藏书之所",还特地撰写了一篇《胡梅磵藏书窖记》[1],讲得有声有色,煞有其事,实则产生了很大的错误影响[2],以致现在宁波当地人还把这石窖当作梅磵藏书之所来看),而袁氏复称此"脱稿本"是"定注",这就更进一步证实了我的判断。另外,袁氏所谓"兵难,稿三失",指的应是一失《通鉴广注》之稿,二失再度初成"稿本",三失部分"脱稿本"。袁桷这段话写得很概括,好多内容不易准确理解,现在结合胡三省留在书稿中的注记,才能够做出比较切实的解读。

另外,从胡三省对待"稿本"和"脱稿本"这两种稿本的态度上,也可以看出二者的区别。

一是对挚友袁桷,他是授予"脱稿本"令其写录;特别是在离开袁家并且整部书稿刚刚写录清定两个多月的至元

---

[1] 清全祖望《鲒埼亭集外编》(上海,商务印书馆,民国《四部丛刊初编》影印清嘉庆十六年原刻本)卷一八《胡梅磵藏书窖记》,页17a—18a。
[2] 如清人钱泰吉《曝书杂记》(沈阳,辽宁教育出版社,1998)卷上(页13)即谓"身之时寓甬上袁氏之室,有藏书窖,己丑寇作,藏书窖中得免"云云,完全不符合实际情况。

所谓兴文署本胡注《通鉴》的真相及其他

下列酒鑪茶具而燕集焉蓋有錢集賢之遺風百年以來湖上遊蹤聞寂而亭亦日以擺舊有王忠烈公印月二字題額今亦不存嗚呼登知昔人經營之慘淡出受記之西然其地不如湖中之勝
是時陸氏亦築會泉亭於岸

胡梅磵藏書窨記

南湖袁學士橋清容之故居也其東軒有石窨爲予過而嘆曰此梅磵藏書之所出宋之亡四方遺老避地來慶元者多而天台三宿儒預爲其一爲舒閬風岳祥其一爲先生其一爲劉正仲莊孫皆館袁氏時奉化戴戶部刻源亦在其與閬風正仲和詩最富而梅磵獨注通

《四部丛刊初编》影印清嘉庆十六年（1811）原刻本
《鲒埼亭集外编》

二十五年十月,仍然毫不犹豫地"以脱稿本自一百七十一卷至一百九十卷凡廿卷授之"。相比之下,他给其他人抄录的,都只是"稿本"。哪一部本子更好,从这种亲疏关系上看是一目了然的。

二是在至元二十六年入山避难之际,他对"稿本"和"脱稿本"的处置方式,也有明显的差别:"稿本"置于书箧,而"脱稿本"是装在书椟之内。这里"箧"与"椟"对举,应是竹箱对木柜,木柜当然要比竹箱坚固。而两位仆人对这二者的藏匿方式,是把收在竹箱里的"稿本"放置在地面的树丛里,装在木柜里的"脱稿本"则挖坑掩埋到地下。孰轻孰重,也是显而易见的。

其实这样看待"稿本"和"脱稿本",也符合古人的惯常用法。如朱熹评议《太史公书》,尝谓"《史记》亦疑当时不曾得删改脱稿"[1]。胡三省的用法,正与朱子此语相同。

第八,经历至元二十六年这次兵匪之祸以后,幸存下来的"脱稿本"实际上是有缺失的,并不完整。因为此前在至元二十五年十月,袁桷打发仆人借走了其中的"自一百七十一卷至一百九十卷凡廿卷"。前面已经谈到,被袁桷借去后的下一年一开头,也就是至元二十六年的正月,这二十卷书稿就在鄞县的一场大火中被烧毁了。除此之外,剩存的"脱稿本"中还

---

[1] 宋黎靖德编《朱子语类》(北京,中华书局,1986)卷一三四《历代》一,页3202。

有不少因战乱而造成的"脱简间编",需要修补。

当然,对于胡三省来说,最迫切的任务,是要补全缺失的这二十卷稿子。这样我们就看到,当至元二十九年三月在鄞县遇到王理得的时候,胡三省便询问他抄录去的《通鉴注》稿情况如何。假若尚且完好存留在手中,自可借来抄补阙稿。王氏所抄虽然是出自初写的"稿本",不如"脱稿本"完善,但基本内容相差不会太多,总比从头再来要好太多;再说这个抄本"摹写精细",质量还是很高的。可遗憾的是,王理得这部抄本早被当地官员借走,兵乱后大概也已经无从追索了。

但这二十卷阙稿还是不能不补,而既无成稿可借,补缺的办法只能是从头重新做起,但这也得先有司马光《资治通鉴》原书才能动手。胡三省在至元二十九年三月去鄞县的时候,没找到友人抄录的书稿,就想找到一部《通鉴》,用作工作的底本。因为历经祸乱之后,他自己手边已经无书可用。遗憾的是,在鄞县,也因"藏书故家多毁,无从假借"。

这时,袁桷向他提供了一部近日收得的"汴都枣木本",也就是昔日东京开封在北宋时期刊刻的旧本,上面还带有一个叫张初寮的人所做的校勘和点读,"朱墨精鲜,装䌽华净",颇显珍贵。这部书显然已经具有很强的文物性,不宜以寻常读本视之,更不能用作在上面直接书写注文的工作底本。要不是看胡三省注书心切,自己又那么钦服他的学问,袁桷也不会把这么珍贵的版本借给他用。胡三省本来担心自己家里人多手杂,万一稍不小心有所污损,会很对不起袁桷,因而不忍借用,可

"又念此书不可不补",最后先暂借"二帙八卷"以应急用(这"二帙"疑指两册。八卷书分装两册,比较合乎当时书籍装帧的一般状况。若将"二帙"解作两个书函,则一函装书太少,不合常规)。

至元二十九年四月,胡三省从鄞县回到宁海家中,动手补撰阙稿,乃"先务博采旁搜,而后着笔"。但原稿缺损了二十卷,仅有这八卷书当然是不行的。后来他至少又到鄞县袁桷家去借了一次《通鉴》,在书稿里附记了回到宁海家中的日子——这一天是至元二十九年闰六月二十三日。[1]

需要说明的是,上面重点分析的这条胡三省的注记,之所以会写在第一百七十一卷的篇末,如上所述,这一卷正是因被袁桷借出而阙失那二十卷"脱稿本"中的第一卷。胡三省是从这一卷开始补撰的,也就随手写下了撰述缘起。另外还需要指出,从胡三省很担心污损从袁桷处借用的《通鉴》这一情况来看,他并没有把新撰的注释直接书写在借来的这部《通鉴》书上,这条注记最初也只能是书之于另纸。这补撰的二十卷注稿,是在什么时候写录到怎样一部《通鉴》书中,甚至它是不是写录到了《通鉴》书中,现在都已经无从稽考了。

在这一背景下,我们更能够清楚地判断,前引胡三省注记中"五月辛丑起写,乙巳毕卷"这句话,针对的只能是写定誊清刚刚补撰的这第一百七十一卷的内容。实际上我们在上海图

---

[1] 见上海图书馆藏元刻初印本胡注《通鉴》卷一七七篇末。

书馆收藏的元刻初印本上，可以看到胡三省还另有注记，说明其补撰的第一百七十五卷、一百七十六卷和一百七十七卷，是分别写定于这一年的六月初四、初八和七月初一[1]，足以清楚地证实上述判断。

第九，如前所述，胡三省在丙子宋亡之岁以后重做的《通鉴》注释工作，除了通过元刻本传世以至我们今天所见到这些内容之外，还包括"历法、天文则随《目录》所书而附注焉"，即在注释《通鉴目录》中的天文历法内容之后，仍令其按照原样独立存在，而并未散入《通鉴》本文之中。

清四库馆臣误解胡三省原意，以为胡氏初拟如《通鉴考异》一样，把相应的内容，散入《通鉴》本文之下，所以在《四库总目》中尝有疑问云：

> 而《目录》所有之历法、天文，书中并未附注一条，当为后人所删削，或三省有此意而未及为欤？[2]

实则审视胡三省这条注记，我认为胡三省已经完成了对《通鉴目录》之历法、天文内容的注释。

盖《通鉴目录》全书为三十卷，故胡氏注记所说"《目录》

---

[1] 见上海图书馆藏元刻初印本胡注《通鉴》卷一七五、卷一七六、卷一七七诸卷篇末。

[2] 清官修《四库全书总目》（北京，中华书局，1965）卷四七《史部·编年类》"资治通鉴"条，页420。

三十卷"之"稿本",应当就是他"随《目录》所书而附注"于原书上的初稿。只是胡三省在至元二十六年二月逃避兵匪之乱时嘱咐仆人分开来藏匿"稿本"和"脱稿本",却把这部分《通鉴目录》注释的"稿本"同其他"脱稿本"并存一处,这样的做法很是特别。我推测这部分内容的文稿,仅此一份,胡三省尚未另外清定出"脱稿本"来,所以才会把它与其他"脱稿本"同放在一起。后来刊刻胡注时这部分内容没有一并刊出,可能也是由于这一"稿本"还很杂乱,而历法和天文知识又很专门,他人不易代为整理。这部《通鉴目录》注的"稿本"后来也失传于世。

上面是利用这条胡三省注记所提供的新材料大致梳理了一下《通鉴》胡注的写定过程。全面了解这一过程,有助于我们在更加清楚的背景上更加准确地认识元刻本胡注《通鉴》与所谓兴文署本《通鉴》的关系。

王国维提出胡注《通鉴》在把注文附入司马光书本文之下的时候,利用的是一部兴文署新刻本《资治通鉴》,为什么呢?前面已经谈到,因为非如此,便无法解释元刻本胡注《通鉴》中王磐序的来源,这只是一种纯技术性的解释。稍后,章钰阐扬其说,又从政治家微言大义的角度进一步坐实了这一说法:

> 此本自序言"宝祐丙辰始肆力是书",不言用何本。"复购他本注之",亦不言何本。"他本"二字……《观堂集林》谓即兴文署本。钰按胡氏义不臣元,故以他字外

之,理极可信。[1]

也就是说,胡三省之所以会把所采用的这个底本称作"他本",是缘于他的赵宋遗民立场。因其义不帝元而刻意回避蒙元,所以才没有清楚地说明这个底本为元朝兴文署的新刻本。

复按胡三省自序,其叙述此事但云"乱定反室,复购得他本为之注",顺着上文读下来,这只不过是对应于失去的旧注旧稿而言,即原来用的书,没了,新注还要直接散入《通鉴》本文之下,只能别购他本,如此而已,实在看不出半点儿章钰所说的春秋笔法。做学问,只看表面现象固然不行,可若是带着既定的成见去解析史事,往往也会没事儿找事儿,把本来简简单单的事情弄得很深奥也很复杂。我认为,在这个问题上,章钰就是犯下了这样的错误。

单纯从技术角度看王国维的推论,似乎是很有道理的,但若是参看胡三省写在《通鉴注》中的注记,再通看一下元代以来《通鉴》的行世版本,那么,这个说法恐怕就难以成立了。

我们看这条胡三省的注记,能够看到,在至元二十九年的春天,胡三省想要找到一部《资治通鉴》是何等困难,以至于身居鄞县的袁桷不得不拿出家里唯一的一部北宋时期的珍本,以供胡三省使用。这哪里像官府在至元初年刚刚重刻过这部书

---

[1] 章钰《胡刻通鉴正文校宋记述略》(北京,中华书局,1956,《资治通鉴》卷首附印本),页22。

的样子?可以说连一丁点儿这样的迹象都没有。要是丙子之年宋亡以后胡三省所购"他本"就是兴文署新刊的《资治通鉴》,那现在再去重买一部刚刚刷印问世未久的新书好了,怎么会让胡三省如此为难?

这些情况,只能让我们得出这样一个结论:在至元初年兴文署初设之时,根本没有刊印过《资治通鉴》;换句话说,胡三省注释《资治通鉴》时根本没有使用过所谓兴文署刻本。

四 元刻本胡注《通鉴》的版刻性质及其刊刻时间

实质性的问题论述至此,那篇导致于敏中、王国维等人把元刻本胡注《通鉴》同元朝兴文署刻本联系到一起的王磐序文,反而变得愈加扑朔迷离。那么,这篇序文到底是哪里来的呢?

为了更好地说明问题,同时也是为了清楚地了解清人胡克家重刻元本时所据底本的基本情况,我们不妨姑且搁置这一问题,先来看一下传世元刻本胡注《通鉴》到底是在哪里刊刻的以及是在什么时候刊刻的。

在前面第一节里,我首先从元代版刻体系中的地域特征出发,指出所谓兴文署本具有鲜明的建阳书坊刻书风格,从而排除了元刻本胡注《通鉴》的底本属于所谓兴文署刻本的可能。但所谓建阳书坊刻书风格的书籍,并不一定就是由建阳书坊主持刊刻。

清乾隆年间撰修《四库全书》时,四库馆臣尝考述胡注《通鉴》刊刻的时间和地点说:

> 黄溥《简籍遗闻》称是书元末刊于临海,洪武初取其版藏南京国学。其见重于后来,固非偶矣。[1]

前文已经说明,胡三省是宁海县人,临海县与宁海县同属台州路,而临海为台州路的倚郭县,所以这部书若是刊刻于临海,也就相当于刊刻在胡三省的家乡。

《简籍遗闻》一书入《四库存目》,今已失传。[2] 四库馆臣称作者黄溥为"鄞县人,黄润玉之孙也,仕履未详"。其祖翁黄润玉著述颇丰,主要活动在明朝宣德正统年间,因可推知其孙黄溥应大致生活在明中期弘治年间前后。其书"多纪明代轶闻,亦间考证古事",而书中考古叙事,或有依有据,或失检失误,良莠不齐。[3]

尽管此书纪事偶有疏误,但这实际上是这类笔记性著述的共同缺陷,不足为怪。台州和鄞县密迩相邻,我们从胡三省同袁桷等人的交往中更可以看出,在元代台州与鄞县两地之间的

---

[1] 清官修《四库全书总目》卷四七《史部·编年类》"资治通鉴"条,页421。
[2] 杜泽逊《四库存目标注》(上海,上海古籍出版社,2007)卷四二《子部·杂家类》二,页1890。
[3] 清官修《四库全书总目》卷一二六《子部·杂家类存目》"简籍遗闻"条,页1088。

联系确实非常密切。因此,黄溥的记述,可以说是当地人记当地事;若就其时代性而言,黄溥以明中期人述此书版在明初的搬动挪移,也可以说是本朝人记当时事;若论黄溥对这部元刻本胡注《通鉴》的知悉程度,则当时已被运至南京国子监的书版,经修补版片后正在大量刷印,在读书人中广泛流通(这有存世印本可为明证)。再说,这也是我们今天能够看到的有关胡注《通鉴》刊刻时间和地点的唯一记载。这样,受过合理学术训练而且也有正常逻辑的历史学者,在没有其他反证的条件下,对黄溥记述的这一情况是应当予以采信的。

事实上,当年修《四库全书》时,那些饱学之士就是这样看的,所以他们才会采信黄溥的说法。后来,殉清辞世的王国维也是这么看的,所以他写道:

> 明黄溥《简籍遗闻》谓是书刊于临海,洪武初取其板入国子监。此语得之。临海为梅磵乡里,其刊此书,与乐平州刊《文献通考》、庆元路刊《玉海》事同。当在梅磵身后矣。[1]

除了表示信从黄溥这一说法之外,王国维还从一般"通例"的角度出发,援引马端临《文献通考》刊刻于其家乡乐平州和王

---

[1] 王国维《观堂集林》卷二一《元刊本资治通鉴音注跋》,页1048。

应麟《玉海》梓行于其故里庆元路的事例[1]，用以说明黄溥这一说法的合理性。

王国维跟在黄溥《简籍遗闻》后面写下的这几句话，非常重要，它涉及文史研究的一条基本路径——由"通例"出发来看待"个案"，依据一个时代的普遍行为方式来裁断具体人物的具体行为。对于史料记载很不充分的古代历史研究来说，我觉得这也可以说是一项基本的研究方法。

这样的研究路数，对于考辨史事尤为重要。现在许多因鄙夷而不了解文史考据的高端学者，还有那些只知道一对一地比对材料的考据家，他们并不懂得有清一代那些成就巨大的考据学家，诸如钱大昕、王念孙一辈人物，他们奉行的都是这样一条路数。王国维学术更深一层，也更具有普遍意义的精髓，其实也正在这里，而不是现在很多人念念叨叨的所谓"二重证据法"[2]，所以他才会就胡注《通鉴》版刻的时间和地点问题写出上面这些话。

---

[1] 案王国维此处所说似不甚准确。盖马端临《文献通考》乃于泰定元年初刻于杭州西湖书院，并非乐平州所刊。不过英宗至治二年饶州路总管府曾令乐平州"礼请马端临亲赍所著《文献通考》的本文籍，赴路誊写校勘，刊印施行"（见1986年中华书局本《文献通考》卷首，页11），只是此议实际并未落实，王国维"乐平州刊《文献通考》"之说，或即缘此而来。但这并不影响王国维的论证，因为同类事例还有很多。参据日本静嘉堂文库编《静嘉堂文库宋元版图录》（东京，汲古书院，1992）之《图版篇》（页381）载后至元五年江浙等处儒学提举余谦补刊泰定西湖书院本《文献通考》跋。

[2] 案关于王国维所谓"二重证据法"，敝人在《生死秦始皇》（北京，中华书局，2019）一书中有与通行说法完全不同的解读（页83—93），可参看。

不过人文学科的研究，由于缺乏理工科那样严谨的数理脉络，对于同一个学术问题，不仅言人人殊，理和术也往往因人而异。当代学者吴哲夫有一篇专门谈论元刻本胡注《通鉴》版本问题的文章，对王国维上述看法就很不理解：

> 笔者以为王国维所以会质疑元刊胡注本，完全受到《四库全书总目》引明黄溥《简籍遗闻》所说"是书（指胡注本）元末刊于临海"的启示。黄溥何以有此一说，笔者未见《简籍遗闻》一书，不敢妄加臆测。其实王国维仅用其个人丰富的学识经验，以"想当然"的心态，提出"立说"。[1]

在我看来，这样的说法殊多不妥，下面析分开来，具体说明。

首先，王国维并不是受《四库全书总目》的启发，而是黄溥此书传世极罕，如前所述，今天我们已经找不到传本，当年王国维恐怕也是无处可寻，因此，他通过《四库全书总目》获取这一资料，就像我们通过唐宋类书或是唐宋以前人的古注引用早期佚书一样，是很正常的，也是理所当然的。[2]

---

[1] 吴哲夫《元兴文署〈资治通鉴〉版本问题疑辨》，刊《故宫学术季刊》第二十卷第二期（2002年冬季），页31。
[2] 案王国维注意到黄溥《简籍遗闻》，最初是通过孙星衍《平津馆鉴藏记》，后来始注意到出处更早的《四库全书总目》。其较早说法见王国维初稿本《传书堂藏善本书志》（北京，国家图书馆出版社，2010），第二册，页8a，进一步的认识则见于增订稿本《传书堂藏善本书志》，页2888。

其次,吴哲夫疑惑"黄溥何以有此一说",而我觉得这是一个无须疑惑,也不必质疑的问题。依据所见所闻记下所知悉的感兴趣的事儿,这是像《简籍遗闻》一类笔记通行的做法,很平常,反倒是吴哲夫何以会提出这个问题却很令人困惑。

再者,王国维并不是"仅用其个人丰富的学识经验,以'想当然'的心态,提出'立说'"。前面我已经谈到,他通过考察马端临的《文献通考》和王应麟的《玉海》都是在其乡里所刊的事例,从而看到像这样在家乡故里为作者刻印著述,是当时一种比较普遍的现象,由此证明在胡三省的家乡临海梓行其所注《通鉴》的合理性,同时也借此证明黄溥所说的可信性。王国维在《传书堂藏善本书志》里述及此事,还有一句说明,即谓黄溥所说"似得其实"[1],体现的就是这样的判断。正是由于引述马端临《文献通考》和王应麟《玉海》的事例对认定《简籍遗闻》的说法具有重要参证意义,王国维才没有在《元刊本资治通鉴音注跋》一文中提及《四库全书总目》的情况而直接称道黄溥的说法——《四库全书总目》只是客观引述,并没有做主观的分析判断。

由于没有看懂王国维的论证逻辑,吴哲夫还具体指责说:"王国维以为胡三省为临海人,所以胡注本刊于临海。王氏对此一说法并未进一步说明,或只是出自臆测而已。兹以《通鉴》作者司马光为例,温公为陕州人士,但宋季所刊《资治通

---

[1] 王国维《传书堂藏善本书志》(增订稿本),页2888—2889。

鉴》并未见陕州刊本，而以建刊次数最多。"[1] 如上文所述，复按王国维的叙述可知，王国维只是以胡三省家居临海而当时人又有刊刻乡贤著述的风尚来印证《简籍遗闻》之说的合理性，何尝有一丝一毫某人著述必定要在其家乡上梓的意思？我们固然对任何学者都不能迷信，再高明的学者也会犯下错误，但学养深厚如王国维者，怎么会有如此弱智的认识？吴哲夫的论述，实在令人费解。

综上所述，应不难看出，王国维做出的是非常科学，同时也很严谨的论证，实在不宜以"想当然"三字诬之。

吴哲夫否定王国维这一看法，还提出一些具体的事证。不过其具体的论证，亦多如上文所述，逻辑很不清晰，大多没有讨论的价值。在这里，我想只就其中实质性意义较大的两点，谈谈我的看法。

第一点，是关于元刻本胡注《通鉴》书版进入明南京国子监的时间。按照王国维所接受的黄溥的说法，是在洪武初年被取入南监。吴哲夫对此反驳说：

> 至于元胡注本书版何时归入南雍？据《四库全书总目》说："洪武初，取其板藏南京国子监。"而清丁丙《善本书室藏书志》则言："明正嘉以来，是板归入南雍。"可

---

[1] 吴哲夫《元兴文署〈资治通鉴〉版本问题疑辨》，刊《故宫学术季刊》第二十卷第二期，页32。

见王氏引据史料,并未完备。[1]

这话是什么意思?写学术论文并不是编辑资料全编,因而并不需要把什么东西都统统放进去。引史料作证据,引什么不引什么,是按照有用没用来做抉择;是多引还是少引,是够用就好。吴哲夫这些话,在逻辑上怎么看都让人觉得别扭。

具体剖析开来,王国维针对这一问题的说法,先后见于《传书堂藏善本书志》《两浙古刊本考》和《元刊本资治通鉴音注跋》[2],相关文字却大体相同。关于元刻本胡注《通鉴》进入南监的时间,吴哲夫所引述《四库全书总目》的"洪武初"一说,实际上是黄溥《简籍遗闻》的说法,这在上面的引文中可以看得清清楚楚。在这里我又特别指出这一点,是想强调说明其产生时间之早。

治史者运用史料,讲究的就是个先来后到——若没有其他方面的因素,单纯就史料产生时间的早晚来说,早出的要比晚出的更可信。这不是什么深奥的道理,而是初入其门就必知的规矩。那么,丁丙和他编著的《善本书室藏书志》是什么时候的人和书?略闻中国古籍收藏状况的人都知道——这都已经迟至清末!复按《善本书室藏书志》,除了吴氏所引述的这两句

---

[1] 吴哲夫《元兴文署〈资治通鉴〉版本问题疑辨》,刊《故宫学术季刊》第二十卷第二期,页31—32。
[2] 王国维《两浙古刊本考》卷下,页524—525。王国维《传书堂藏善本书志》(增订稿本),页2887—2889。

话，也没有载述其他任何凭据。[1]这样，面对明中期人黄溥已有的说法，吴哲夫引述像丁丙这样的清末人的说法，究竟会有多大的论证意义？更何况丁丙所说的明朝正德、嘉靖时期，应当已在黄溥身后，竟不思至迟在黄溥写下《简籍遗闻》之时，元刻本胡注《通鉴》的版片自已必入南京国子监无疑，他讲的这话还能信吗？

总的来说，这一点表面上看好像论证得很严密，可实际完全不着边际。接下来吴氏又说："元胡注本绝非临海刊本，有刻工可资证明，王氏何以不加利用，令人不解。"[2]

这似乎对王国维的考证进行了彻底的否定。对这些刻工姓名，王国维究竟何以不加利用，今已无从揣摩。不过我以为，在王国维看来，历史记载这么清楚的事儿，大概也用不着再费那么大力气一个一个地去比对刻工的姓名（同时还要看到，如前所述，就整体发展状况而言，对版刻地域特征的研究，当时做得还很不够），而实际状况未必就一定会像吴哲夫所说的那样，用刻工姓名来考辨古籍版刻并不是那么简单。

吴哲夫在这方面所做的工作，主要是把元刻本胡注《通鉴》上的刻工姓名与他所搜集到的一批元代福建地区刻本进行对比，结果显示许多刻工应属于同一拨人，从而得出结论：元

---

[1] 清丁丙《善本书室藏书志》（北京，中华书局，2006，《宋元明清书目题跋丛刊》影印光绪辛丑刊本）卷七"资治通鉴"条，页478。
[2] 吴哲夫《元兴文署〈资治通鉴〉版本问题疑辨》，刊《故宫学术季刊》第二十卷第二期，页32。

刻本胡注《通鉴》只能是在福建所刻而绝不会如王国维所说梓行于临海。[1]

若是不加深究，这看起来似乎很像是一个完美的结论，有理有据，一切都落到了实处，而且在前面第一节里，我也首先依据这部书的版刻特征属于建本而将其排除在兴文署刻本之外，这应该也符合我的论证逻辑。

但运用古代版刻的地域性特征来分析具体的版刻，首先需要对版刻地域性特征有全面的了解，而不是只做这种机器扫描式的刻板比对。

科学地运用元代版刻的地域特征来认识这种元刻本胡注《通鉴》，首先可以通过字体以及版式特点来简单地把它明确认定为建本系统的刻本。对于专门研究古籍版本的学者来说，这应该是一目了然的，无须费那么大力气一个一个地去对比刻书匠人究竟姓甚名谁，即使没有留下一个刻工的姓名，也可以轻而易举地做出这样的判断。这就是我在前面讲过的，黄永年先生建立起来的元代版刻体系的应用价值。

不过进一步深入分析，就还要对黄永年先生这套版刻体系有更深切的了解。这就是除了地域分异这一横向的版刻体系之外，还有刻书主持者这一纵向的版刻体系。在这一方面，黄永年先生是将其划分为官刻、家刻和坊刻三大系统，分别做出了

---

[1] 吴哲夫《元兴文署〈资治通鉴〉版本问题疑辨》，刊《故宫学术季刊》第二十卷第二期，页34—35。

阐述。具体落实到福建地区的刻书，至少在其早期，官刻、家刻也和坊刻有所不同，这是我们在以版刻体系为背景来分析具体版刻的时候必须充分注意的一项重要因素。

譬如南宋时期福建地区的官刻本，黄永年就指出，其刻书字体、版式等版刻特征就同典型的建阳书坊刻本有显著差异，从总体上来说，是介乎建阳坊刻和浙本官刻之间。[1]稍微有些遗憾的是，他没有能够从刻书主持者这一角度对元代福建地区的刻书体系做出进一步的划分。不过孟子所云"大匠诲人必以规矩，学者亦必以规矩"，依循黄永年确立的区分版刻体系的"规矩"和相关具体认识，我们还是可以尝试从刻书主持者这一角度，对元代福建地区的版刻做出系统性的归纳和区分。

需要指出的是，我在这里特别强调需要合理地认识元代福建地区刻书体系的缘由和意义，而吴哲夫实际上是隐而不显地把元刻版胡注《通鉴》同元朝建阳书坊刻书的联系呈现到了读者面前——由于建阳书坊刻书在元代依然相当繁盛，所以由其来刊刻像胡注《通鉴》这样篇幅巨大的书籍应是一件顺理成章的事情。

黄永年在总结南宋时期刻书主持者身份差异所造成的版刻特征时指出，除了刻书字体的差别之外，"宋浙本中官刻、家

---

[1] 黄永年《古籍版本学》，页75—79。

刻一般多记刻工姓名",而宋建本则"不记刻工姓名"。[1]虽然通观全国各地,还有很多复杂的情况有待更深入的研究,但若仅仅就南宋时期这两大版刻体系而言,这绝不是无意间偶然形成的差别,其间必有内在的因缘。这意味着对中国古代版刻的研究,必须超脱古董家的窠臼,把它作为一项重要的历史文化要素来研究,才会取得具有历史学内涵的进展。

这就是我们看待刻工姓名,不能只是就事论事地看它有还是没有,而是要问它为什么会有或为什么会没有。须知在每一块书版上都刻出操刀匠人的名字,是一件费工费时也很费事儿的事情,若无特别需要,谁也不会多此一举。因此,探究其内在因缘,对我们深入认识古代版刻具有重要意义。

对此,黄永年本来做有简单的说明,即谓特地刻上操刀匠人的名字,"其目的大概是为了便于结算刻工的工钱"[2]。这样的说明,实际上已经点明了官刻、家刻与坊刻之间在工匠管理和技术操作流程管理上的重大差异。若是做一个简单的溯本求源的探求的话,官刻书籍以及与之有连带关系的家刻书籍需要镌梓刻工姓名的做法,显然可以追溯到上古时期"物勒工名,以考其诚"的官府行事规矩。盖"工有不当,必行其罪,以穷其情"[3],这实质上是为确保工匠制作质量的一种责任督察的标记。当然按劳付酬,满足质量标准的要求,也

---

[1] 黄永年《古籍版本学》,页70、77。
[2] 黄永年《古籍版本学》,页70。
[3]《礼记》(清嘉庆丙寅张敦仁仿宋刻本)卷五《月令》,页22b。

是其必备的条件，黄永年所说"便于结算刻工的工钱"，意义即在于此。很多这类官刻本和家刻本在镌记刻工姓名的同时，还刻有每一版面的字数，且大字、小字区分清楚，这当然更与计字付酬直接相关。

南宋时期与此相对的建阳书坊刻书既然一概不附镌刻工的姓名，就清楚地告诉我们，这些刻书作坊自有一套同官刻、家刻不同的管理方式，所以才不需要特地花费工力去在版面上做出这样的标记。

不过官刻与坊刻或是家刻与坊刻之间并不是绝对的壁垒森严，两不相干。通常，在它们之间，会以如下两种方式发生交集：一是官府或私家委托书坊帮助刻书，二是官府或私家雇用书坊的刻工来刻书。前者相当于交由书坊为其制作成品，实质上还是书坊出品，而后者只是雇用工匠在自己的具体监管下工作，实质上是官府或私家出品。

这样我们就会看到，官府或私家委托书坊帮助刊刻的书籍，如同所有坊刻本一样，无须镌记刻工姓名。譬如黄永年先生在《古籍版本学》一书中举述的桂阳军军学教授委托建阳书坊代为刊刻的《新校正老泉先生文集》、王明清委托建阳龙山书堂刊刻的《挥麈录》就都是这样。[1]

若是反过来，由官府或私家雇用书坊的刻工来为其刻书，由于是在刻书主人的具体监管下工作，所以，就需要按

---

[1] 黄永年《古籍版本学》，页74。

照主人的规矩，对每个刻工实行个人责任制管理，镌记刻工姓名。

问题的复杂性在于南宋福建地区的官刻本中还有一部分没有镌记刻工姓名的书籍，我推测，这最有可能是基于当地书坊特别发达的情况，这类官刻本实际上还是整体交由书坊刊印的，只是没有镌记书坊的堂号而已。

明了南宋时期建阳书坊的刻工同官家、私家刻书的交集状况，我们就能更好地理解元代书坊刻工同官私刻书的关系。

那些由官府或私家委托书坊帮助刊刻的书籍，同南宋时期一样，也都不需要镌记刻工姓名。例如黄永年在《古籍版本学》书中举述的余志安勤有堂代官府刊刻的胡炳文著《四书通》和苏天爵辑《国朝名臣事略》，就都没有刻工注记。[1]

不过黄永年的《古籍版本学》略而未谈元代福建地区的官刻本和私家刻本在版刻上有什么同建阳书坊不同的特点。现在，我们通过上面讲述的南宋时期的情况，并深入认识其版刻形态背后的内在因缘，就可以合理地推论：凡是镌梓刻工姓名的福建刻书，都只能是当地官刻或是家刻，而不会是书坊刻本。

在吴哲夫针对王国维所做论述当中，具体指出的既见于元刻本胡注《通鉴》，又见于元代福建地区刻书的刻工，这些均为福建地区刊刻的一些书籍，如下：

---

[1] 黄永年《古籍版本学》，页100。

（1）至治二年福州三山郡庠（案指福州府学）刊本《通志》。

（2）昭武谢子翔刊本白文《仪礼》和《仪礼图》。

（3）闽刊十行本经疏中的《周易》、《尚书》、《诗经》、《周礼》、《礼记》、《春秋》三传和《论语》。

这些书，前两种一为官刻，一属家刻，情况都很清楚，而剩下来的那九种闽刊经疏，还需要稍加说明。

关于闽刊十行本经疏的版本问题，最近若干年来关注和讨论的学者很多，但我还没有见到有谁明确地阐释过它的版刻性质。现在根据其镌有刻工姓名这一点，可以明确认定它只能是官刻或家刻，而不会是建阳书坊刻本。

那么，它到底是官刻还是家刻呢？我认为它和吴哲夫举述的那部《通志》一样，是福州府学的刻本，而我这样讲的首要原因，是这套经疏的刻版在明代就保存在福州府学。明人丘濬，在成化年间撰《大学衍义补》，就谈到了这一情况：

> 秦汉以来之"六经"所以至于今日者，实赖孔颖达之《正义》，其刻板尚存于福州府学。世之学经者因得以考见古人之训诂、义例而知其名物、度数之详，虽其间多驳杂诡异之言，如欧阳氏所言者，然朱子谓汉魏诸儒正音读、通训诂、考制度、辨名物，学者苟不先涉其流则亦何以用

功于此，则其书亦世之不可无者也。[1]

丘濬复云：

> 今世学校所诵读、人家所收积者皆宋以后之"五经"，唐以前之注疏讲学者不复习、好书者不复藏，尚幸《十三经注疏》板本尚存于福州府学，好学之士犹得以考见秦汉以来诸儒之说，臣愿特敕福建提学宪臣时加整葺，使无损失，亦存古之一事也。[2]

这是相对于宋元人解经之作而论汉唐间人的注疏，当时别无唐人经疏的丛刻存在，指的只能是这批闽地十行刻本。

对这套经疏中的个别书籍，明人杨士奇尚另有记述曰：

> 《春秋左氏传》六十卷，杜预注，孔颖达疏。吾家此书十六册，盖福州府学板，得于刘伯埙员外云。[3]

杨士奇是明初人，英宗正统年间就去世了，因而由这一记述可

---

[1] 明丘濬《大学衍义补》（明成化刻本）卷七八《治国平天下之要·崇教化·一道德以同俗》，页16b。
[2] 明丘濬《大学衍义补》卷九四《治国平天下之要·备规制·图籍之储》，页18b—19a。
[3] 明杨士奇《东里续集》（台北，台湾商务印书馆，1986，影印文渊阁《四库全书》本）卷一六《春秋左传二集》，页18a。

以看出，这套经疏的版片，应当从明初以来就一直存放在福州府学之内。

这种情况告诉我们，福州府学只能是继承前朝时期这一儒学的书版，而这批元朝福州路（明福州府元称福州路）儒学刊刻的经疏，其字体、版式基本上也都是建阳书坊的风格，这意味着在版片上留下姓名的这些刻工最有可能来自建阳书坊。同时，这套十行本经疏能够具有如此统一的版式和规格，也正体现出官府统一筹划的特点。

这样切实而又明晰的结论，其意义不仅澄清了元刊十行本经疏的梓行者，排除了建阳书坊刊刻这些经疏的潜在可能性，对于本文研究的核心问题来说，更具有如下两点重要意义。

一是这些福州府学刊刻的经疏，会引导我们确认元人在临海刻印胡注《通鉴》的合理性。

看待元朝福州路儒学刊刻群经注疏之事，同本文在第一节中就谈到的考察元刻本胡注《通鉴》的地域特征一样，不能只是孤立地就事论事，需要联系当时的总体社会文化背景。对此，明正德时人陆深尝记述相关情况说：

> 胜国时郡县俱有学田，其所入谓之学粮，以供师生廪饩，余则刻书，以足一方之用。工大者则纠数处为之，以互易成帙。故雠校刻画颇有精者，初非图鬻也。国朝下江南郡县，悉收上国学。今南监"十七史"诸书，地里岁月、勘校工役并存，可识也。今学既无田，不复刻书，而

有司间或刻之,然以充馈贶之用,其不工反出坊本下,工者不数见也。善乎胡致堂之论明宗曰:命国子监以木本印书,所以一立(文?)义,去舛讹,使人不迷于所习,善矣,颁之可也,鬻之不可也。或曰天下学者甚众,安得人人而颁之?曰以监本为正,俾郡邑皆得为焉,何患于不给?国家浮费不可胜计,而独靳于此哉!此冯道、赵凤之失也。[1]

这里以元明两朝相对比,尤能体现元朝地方儒学刊刻书籍的兴盛状况及其社会原因,而陆深讲的地方"学田"以及学田收入的"学粮",就是前面第二节里提到的《元史·世祖纪》所记载的"学田钱谷"。其具体事例,如元朝庆元路儒学刊刻的《玉海》,即"征费于浙东郡县学及书院岁入之羡"[2]。黄永年在《古籍版本学》中对元代各地儒学刻书的总体状况,有很概括的叙述,并且列举了其中一些比较有代表性的书籍。像江东建康道肃政廉访司指令属下九路儒学合刻的"十史"("十七史"中除去南北朝"七史"),就是非常著名的元朝地方儒学刻本。[3]

显而易见,元代福州路儒学刊刻这套群经注疏,也应该是

---

[1] 明陆深《金台纪闻》(上海,商务印书馆,1936,《丛书集成初编》排印《宝颜堂秘笈》本),页8。
[2] 宋王应麟《玉海》(京都,中文出版社,1986,百纳影印后至元六年庆元路儒学刊递修本)卷首胡助序,页2。
[3] 黄永年《古籍版本学》,页95—96。

这一社会风潮下的产物,而依循吴哲夫的模拟办法,审看由同一批刻工雕版镌字的元刻本胡注《通鉴》,自然有理由推断其书或即同为当地儒学的刻本。

二是福州路儒学在建阳书坊雇用刻工这一史实,让我们有理由推断,元刻本胡注《通鉴》上既然镌记有同一批刻工,那这些工匠就完全有可能是被临海当地的儒学雇用去的。临海同建阳两地,在陆上隔处州相望,空间距离不远;在海上,从临海可顺澄江下海,从建阳也可顺闽江下海,而到了海里,南来北往,就很便利。所以不管是在路上直接往还,还是在海上沿岸上下,都不存在较大障碍;况且两地在元代还同属江浙行省,不像明清时期那样分属浙闽,也就没有那样的行政隔阂。胡注《通鉴》是一部大部头的著述,需要一大批刻工,临海当地人手不足而从建阳书坊雇用是很自然的事情。元刻本胡注《通鉴》的版心上除了刻工姓名之外,还在上书口处镌梓着每个版面的大小字数,这显然是用以给这些雇工结算工钱。元朝江东建康道肃政廉访司属下九路儒学合刻"十史"的时候,太平路儒学以《汉书》首开其端。太平地在今安徽当涂,而当时当地儒学"置局于尊经阁,致工于武林"(见元太平路儒学大德九年刊《汉书》目录后附该儒学教授孔文声识语),也就是由杭州招致刻书工匠。参照这一情况,就会更加容易理解胡三省家乡的儒学雇用建阳书坊的匠人来这里刻书的合理性。

我们再仔细看黄溥"是书(指胡注本)元末刊于临海"这一说法。胡三省家在台州路属下的宁海县,可这书不是刊于宁

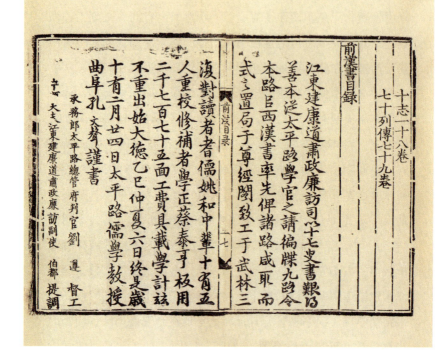

元太平路儒学大德九年（1305）刊《汉书》目录后附该儒学教授孔文声识语
（据《国家图书馆宋元善本图录》）

海而是刻在临海，这显示出它不大像胡氏家刻本，更像当地的官刻。为什么这么说呢？因为前面我已经讲过，临海是台州路的倚郭县，也就是说台州路的各项衙署就设在临海县城，当地的儒学，也不例外。这样，黄溥所说"刊于临海"，也就从侧面透露出此书系由台州路儒学刻印这一事实。

现在让我们再回到王国维在认同黄溥所说史事时讲的那几句话，即"临海为梅磵乡里，其刊此书，与乐平州刊《文献通考》、庆元路刊《玉海》事同"。前面已经做过说明，所谓"乐平州刊《文献通考》"似乎不够准确，其间容有差误，但此等做法，在元代却是一个普遍的现象，清人钱大昕总括当时情形云："诸路儒生著述辄由本路官呈进，下翰林看详。可传者命各行省檄所在儒学及书院以系官钱刊行。"[1]知悉这一情况，再来看台州路儒学为当地学者胡三省刻印其所注《资治通鉴》一事，便可知晓这实在是一件非常通行的常套做法。

综上所述，虽然没有直接的记载，但通观各项相关的因素，我认为元刻本胡注《通鉴》必属台州路儒学刊本无疑，只不过雇用了建阳书坊的刻工来操刀上梓而已。也正因为如此，其字体等版刻特征便体现出鲜明的元建本风格。

接下来，我们需要考述台州路儒学刻印此书的时间，而在进入这一问题之前，先来整理一下胡注《通鉴》在经历至元

---

[1] 清钱大昕《元史艺文志》（南京，江苏古籍出版社，1997，《嘉定钱大昕全集》本）卷一，页2。

二十六年（1289）兵乱之后重新清定全稿的过程。

在上一节里我已经谈到，至元二十五年七月写成全部书稿，也就是完成全部"脱稿本"之后，于至元二十六年二月兵乱中又失去的这个"脱稿本"的"自一百七十一卷至一百九十卷凡廿卷"。在上海图书馆藏元刻初印本上，我们能够看到的最后一个补撰这部分书稿的时间注记，是至元二十九年七月初一。

这一天，胡三省记云："闰六月癸丑自鄞借书归，先了前四卷《考异》。乙卯著笔，七月庚申朔彻卷。"这段话，是写在第一百七十七卷的篇末。因此，我理解这不可能是指全部二十卷阙稿撰成的时间，而是把这第一百七十七卷及其前面三卷的《考异》部分散入书稿。这是因为上一次在这一年三月他去鄞县袁桷家时借回的自一百七十一卷至一百七十八这八卷书，就包括这第一百七十七卷在内，这次借来的应该是自一百七十九卷至一百九十卷共十二卷《通鉴》。此前，在六月初八，胡三省补撰的"脱稿本"已经写到第一百七十六卷。[1]从六月初八到闰六月二十三（癸丑），这一个半月时间，足够他写完剩下的第一百七十七卷和一百七十八卷这两卷书稿；而且只有这样，才能在再度去袁家借新书的时候一并还去旧借的八卷《通鉴》。

大概在再去鄞县袁家借书之前，胡三省除新撰注释之外，也已将第一百七十一卷至一百七十三卷的《考异》散入书中，所以，这时所说"先了前四卷《考异》"，即将第一百七十三卷

---

[1] 见上海图书馆藏元刻初印本胡注《通鉴》卷一七六篇末。

至一百七十七卷的《考异》散入《通鉴》书中。做完这一部分工作的时间,就是至元二十九年七月初一。

在这之后,剩下的补撰和散入《考异》的工作是在什么时间完成的,因为没有记录,也就无从考究了。不过按照前面部分的进展速度,估计也就两个月左右时间,即大致在至元二十九年九月以前,可以完成所有的补撰工作。

这里不甚清楚的是,胡三省在补撰注释稿时,由于手头没有《通鉴》原书可以用作工作底本,不知他是同时抄录了一遍缺失的这二十卷书,还是只好暂且像最初做《通鉴广注》时一样,摘录出需要注释和散入《考异》内容的《通鉴》文句,把自己的注释及司马光的《考异》系于其下。至少在当时,由于借用的袁家珍本是必须归还的,除了这两种选择之外,他没有别的办法。

此外,在重去鄞县袁桷那里借用《通鉴》之前,可能由于补撰部分的前八卷工作已经做完,手头没有《通鉴》又无法继续工作,胡三省大致从至元二十九年闰六月四日开始,对全书开头由其长子长文代为抄录的那一小部分书稿,做了一次雠校工作。故闰六月四日这一天,他在第九卷篇末记云:"余始写《通鉴》,以一帙授大儿长文使写之。今十一年矣,乃克雠校。时壬辰闰六月四日也。"七天之后,他又在第二十二卷的篇末写道:"闰六月辛丑点对讫。/重校正讫。"在接下来的第二十五卷篇末,则仅写下一个"讫"字。前后联系起来看,我认为这个"讫"字,也是这次雠校所留下的注记。这前二十五卷,大致应该就是最初交由他大儿子代为抄录的那部分内容。

看前面引述的王国维的看法,我们知道他推测这部胡注《通鉴》的刊刻"当在梅磵身后矣"。在王氏之前,清人顾广圻亦谓此书"并非梅磵亲所开刊"[1]。现在我们看上海图书馆元刻初印本中镌记的这些胡三省的注记,这在很大程度上已经可以印证王国维的推断。这是因为这些内容只是他工作过程中随手写下的记录,严格说来,是很不适于刊入书中的。其实比这些工作注记更加不适宜刊入书中的,还有全书篇末胡三省写下的这样一首抒发自己情怀的诗:"通鉴相随四十秋,黑头吾伊到白头。夜眠欲睡不得睡,昼坐似愁还非愁。经济满怀无用处,兴亡过眼欻如流。手编留与儿孙读,知得儿孙会得否?"由于生怕后人不明白这首诗是谁写的,在这篇诗后,还写有题名:"右胡三省作。"[2] 胡三省本人若尚在人世,刻书者既不会这样做,他本人也不会允许这样做。出现这种情况,只能是胡三省去世后人们出于对他的尊敬而刻意将其留在书中。

胡三省去世的时间,是大德六年(1302)正月二十三日[3],这是胡刻《通鉴》付梓的时间上限。至于更具体的刊刻时间,王国维曾谓"此书行款与《玉海》同,其刊刻时代殆与

---

[1] 清顾广圻《思适斋集》(清道光年己酉徐渭仁原刻本)卷一一《通鉴刊误补正序》,页6a。
[2] 见上海图书馆藏元刻初印本胡注《通鉴》卷二九四篇末。
[3] 光绪《宁海县志》卷二〇胡幼文撰《胡身之墓碑》,页24a。

《玉海》相先后"[1]。案如同前面第一节所述,王国维对元代版刻体系的认识还存在明显不足,其实元代庆元路儒学刊刻的《玉海》同台州路儒学刊刻的胡注《通鉴》,只是每个版面的行数字数相同,其他如字体、边框等都有明显不同。因而不宜比照《玉海》来确定其刊刻年代(附案《玉海》刊刻于后至元六年)。

今案前举吴哲夫所列福州三山郡庠所刊《通志》等书,其有年代可考者,如《通志》似应刊刻于成宗大德年间,吴哲夫所说至治二年(1322)只是后来刷印的时间[2];又如十行本经疏中的《论语注疏解经》则是至治、致和间刊本[3]。同一批刻工既然参与了胡注《通鉴》的刊刻,那么台州路儒学梓行胡注《通鉴》的时间亦应与之大体相同,估计也就是胡三省去世未久的事情,大致在元成宗(大德后期)至泰定帝(致和)之间。

五　王磐序文的由来

这样,在一个全面而又清晰的背景下,我们就能更清楚地看到,刊刻于大德六年(1302)之后的这部胡注《通鉴》,是绝对不应有王磐为其撰写的序文的。

当年王国维判断王磐这篇序文并非为胡注《通鉴》而作,主要讲了两条依据,第一,这篇序文只谈及司马光《通鉴》而

---

[1] 王国维《传书堂藏善本书志》(增订稿本),页2889。
[2] 清丁丙《善本书室藏书志》卷七"通志"条,页487。
[3] 静嘉堂文库编《静嘉堂文库宋元版图录》之《解题篇》,页84—85。

并未提及胡三省的注释；第二，序文谓兴文署刊刻《通鉴》是其初立之时刊刻书籍的开端之举，而胡三省《通鉴注》之成书"远在设兴文署之后"[1]。

这两点都很有力，但相对来说，第一点稍微有些软。因为从理论上讲，胡三省的注毕竟是附著于《通鉴》而行，这部书的主体，还是司马光的《资治通鉴》，所以王磐不提胡注，在情理上也不是完全说不通。

两相比较，王国维谈的第二点，显然比第一点要有力得多，而通过前文对胡三省注最后定稿过程和时间的梳理，我们清楚地知道，胡注书稿清定的时间不会早于至元二十九年七月，其书付梓上版的时间更应该在胡三省去世的大德六年正月之后，而王磐本人在至元三十年底就已经去世[2]，这样他无论如何也不会给胡三省注释的这部《资治通鉴》写下那样的一篇序文了。

这样的认识，进一步证实了王国维所说王磐序文与胡注《通鉴》无关的判断，可是在前面第三节里，我通过上海图书馆藏元刻初印本上存留的胡三省注记，又否定了王国维对王磐

---

[1] 王国维《观堂集林》卷二一《元刊本资治通鉴音注跋》，页1047—1048。
[2] 案王磐卒年，《元史》本传没有具体记载，只记年九十二而卒，同时记述他在金哀宗正大四年（1227）登进士第时年二十六岁。依此登第年龄推算，其生年应为金章宗泰和二年（1202），卒年当在元世祖至元三十年（1293）。其弟子王恽撰《鹿庵先生生卒日》一文，记其去世的准确时间为"至元三十年癸巳冬十二月廿二日"，见王恽《秋涧先生大全文集》（上海，商务印书馆，民国《四部丛刊初编》影印明弘治刻本）卷四四，页25a。

序文来源的解释——胡三省并没有利用带有王磐序文的兴文署刻本《资治通鉴》作为注释用的底本，这篇序文不是从胡三省所用的底本中带来的。

那么，王磐这篇序文到底是哪里来的呢？

对此，吴哲夫倒是提出一个有意思的解释，即谓这篇序文是"明季或清初"某位藏书者"利用元代兴文署的相关史料为内容，伪刻一篇序文，托名出自元代大老翰林学士王磐的手笔，附在藏书前，目的无非在提升藏本的价值。附有伪造序文的书本，清初流入宫廷，《钦定天禄琳琅书目》编目时，未加细审，将伪造的王磐序公布，后人据《钦定天禄琳琅书目》的说法，遂都认为胡注《通鉴》一书出自元兴文署所刊"[1]。

吴氏在论证过程中，提出了很多支持自己论点的证据，但在我看来，大多不值一驳，或是前面的论述事实上已经对他的说法做出了否定。下面我再就其中稍微具有一些实质性意义的论据谈谈我的不同意见。

一是吴哲夫以为王磐序文未署作序时间，这"甚为奇特，难以理解"，原因只能出于伪造。吴氏以为"如果在伪造王序中标示出作序的时间，容易弄出破绽，因而在序文末仅署'翰林学士王磐序'，明显有蒙混欺骗的用意"。

在我看来，这种说法，既不符合历史实际，也不符合基本

---

[1] 吴哲夫《元兴文署〈资治通鉴〉版本问题疑辨》，刊《故宫学术季刊》第二十卷第二期，页30—34。

的情理。其不符合历史实际之处,在于古代典籍中不署撰著时间的序文,比比皆是,一点儿也不值得拿这事儿来做文章;而其不符合基本人情事理的地方,则是既然费心作伪,而且还知道序文中讲述的内容以及序文作者的生活年代等都与胡注《通鉴》不符,那么何不另外安排个合适的写法,非要这样留下诸多破绽不可?总之,吴哲夫的说法,按照正常的逻辑,是匪夷所思的。

二是吴哲夫以为王磐序文中提到的"(兴文署)署置令丞,并校理四员,咸给禄廪,召集良工,剡刻经子史版本,颁布天下,以《资治通鉴》为起端之首"云云这段文字,其中"署置令丞,并校理四员"句与元人王士点《秘书监志》的记载完全吻合,因而推测这篇序文是参考王士点《秘书监志》造作的。

今案王磐序文中同《秘书监志》相合的内容,不仅不能作为其造假的证据,反而恰恰足以证实此文绝非伪撰。盖像王士点《秘书监志》这种书,类同公牍汇编,时过境迁之后,殊少有读书人关注,所以传世极罕,晚近时期印入《广仓学宭丛书》之前,世间只有抄本流传[1],因而绝大多数人根本就不会知道还有这样一本书存在,怎么会有人煞费心机地找到如此孤僻的秘籍来伪撰一篇序文?我认为,对于稍微了解一点儿文献学历史的人来说,这同样是匪夷所思的事情,因而也是不可能存在的。

---

[1] 元王士点、商企翁《秘书监志》卷末附《仓圣本王国维题记》,页234。

> 元秘書監志十一卷著作郎東平王士
> 點繼志著作佐郎曹州商企翁繼伯同
> 撰所載詔旨公移多用國書文以是流
> 傳者罕然一代之典故存焉卷中題名
> 有張應珍以至元三十年十二月由從
> 事郎歷秘書監丞大德八年六月遷秘
> 書少監九年十月乃更姓名曰吳鄴而
> 吉安府志稱鄴永新人宋末兵亂避仇
> 轉徙山西元附駙馬都尉高唐郡王闍

吴骞拜经楼藏清抄本《秘书监志》
（据辽宁省文化厅编《辽宁省入选国家珍贵古籍名录古籍图录》）

总之，吴哲夫提出的王磐序文伪撰说，所举证据，大多类此，实不能成立。

下面我再从胡注《通鉴》书版和这篇序文的存在状况，来说明一下为什么王磐此序不会出自后人伪撰。

如上所述，明人黄溥记述说，胡注《通鉴》在临海刻成后，"洪武初取其版藏南京国学"。前面我已经谈到，这是关于胡注《通鉴》刊刻情况和书版归属情况的最早记载，也可以说是目前所知唯一的记载。

按照一般的治史原则，在没有其他反证的情况下，我们是应该尽量尊重这一记载的。同时，通观当时的相关情况，还可以看到，这一记载是符合明初的总体形势的。这就是诸如杭州的元西湖书院、台州北面毗邻的元庆元路（今宁波）儒学、前面提到过的合刻"十史"的元江东建康道肃政廉访司所辖宁国（今安徽宁国）、徽州（今安徽歙县）、饶州（今江西鄱阳）、集庆（今江苏南京）、太平（今安徽当涂）、池州（今安徽贵池）、信州（今江西上饶）、广德（今安徽广德）诸路以及铅山州（今江西铅山）的儒学等地方的学校和书院，都是在明初把所刻书版送入南京国子监集中保存的。在这样的时代大背景下，元台州路儒学刊刻的胡注《通鉴》于洪武初年被朝廷送入南京国子监，实在是一件合乎情理的事情，我们是没有理由去怀疑的。

在此前提下，不管是书版被送入南京国子监之前，还是其进入国子监之后；不管是元台州路儒学的官员，还是明南京国子监的官员，堂堂朝廷命官，谁又能够如此好事去伪刻一篇书序添列到胡注《通鉴》之前呢？这当然是无法想象的事情。

那么，能不能像吴哲夫所说的那样，是在"明季或清初"由某位好事的藏书者"利用元代兴文署的相关史料为内容"伪刻的这篇序文呢？这也是让我难以想象的。为什么？胡三省所注《通鉴》，是一部旷世巨著，分量和价值都在那儿明摆着呢，根本用不着靠伪造王磐这么一篇序来给它增光生色，这样一篇序文更无助于"提升藏本的价值"。再说，带有这篇序文的元刻本胡注《通鉴》，并不像吴哲夫所说的那样，只有清初流入宫廷并被著录到《钦定天禄琳琅书目》中的那一部，今所知北京大学藏明前期修版本和复旦大学藏明前期印本都带有此序，而且这两部书也都不是天禄琳琅旧藏[1]。所以，既不可能是某一个藏书家所为，也不可能是"明季或清初"所刻。

实际上王国维刚开始考虑这个问题时的思路，是和吴哲夫有几分相似的。在前述两条否定王序是为胡注《通鉴》而作的依据之外，王国维在《传书堂藏善本书志》的增订稿本里，还讲过另外一条依据，即"此本与诸家所藏元刊本皆无王序，独

---

[1] 案北京大学藏本情况系北京大学图书馆刘大军先生所告，复旦大学藏本情况见尾崎康《宋元刊资治通鉴について》，刊《斯道文库论集》第二十三集，1998年，页209—212。又案据傅增湘《藏园群书经眼录》（北京，中华书局，1983）卷三（页238—239）尝记日本静嘉堂文库藏本存有王磐序文，此本为陆心源皕宋楼旧藏，陆心源《仪顾堂题跋》卷三《元版资治通鉴跋》（页36）也有同样记述，但据日本静嘉堂文库编《静嘉堂文库宋元版图录》之《解题篇》（页35），该序实为抄补而不是原刻。

天禄琳琅所著录一本及鄱阳胡氏覆刊本有之,明系从他本搀入"[1]。

关于王国维这一说法,我们要清楚一个前提,即胡注《通鉴》只有一个元刻本。这样,按照正常的逻辑往下推,仅见于天禄琳琅藏本及清人胡克家所据底本的这两部元刻本的王磐序文,既然不见于"诸家所藏元刊本"而是"从他本搀入",那么,这个"他本"就应该是同"诸家所藏元刊本"胡注《通鉴》没有任何关系的另外一个刻本;或者更清楚地说,是藏书者从一部元朝兴文署刻本司马光《资治通鉴》中取下王磐的序文把它装订到了胡注《通鉴》书中。

准确理解"从他本搀入"这句话,我们还一定要注意王国维通过这三条论据论证之后所得出的结论是:"若兴文署所刊,当是温公原书,非梅磵注也。"这同我在前面第三节所列王国维在《元刊本资治通鉴音注跋》里所得出的那个结论是有很大不同的,当时他讲的是"梅磵丙子后所得之他本,盖即兴文署刊本。因注于此本之上,后来刊注时,遂并王序刊之",这意味着这个"他本"亦即元朝兴文署刻本乃是胡三省注《通鉴》时使用的工作底本,是胡注《通鉴》所依托的基础。正是依托这一基础,才顺带把王磐给兴文署本《通鉴》所写的序文也带到了胡注《通鉴》书中。所以,若不考虑其他一些特殊情况,完整的元刻本胡注《通鉴》的版片,不管是谁家所藏,本来就

---

[1] 王国维《传书堂藏善本书志》(增订稿本),页2888—2889。

是一定要包括这篇王序的，怎么还会存在什么"从他本搀入"的怪事？

这表明王国维前后两种说法是相互冲突而无法自圆其说的，而《传书堂藏善本书志》增订稿本里的说法很不合乎情理，实在难以想象怎么会有人如此好事，竟然在不止一本元刻本胡注《通鉴》上做了同样的移花接木的事儿，这是很难找到合理的解释的。我想，正是在仔细斟酌之后，王国维才最终抛弃了这一想法，没有把它写到《两浙古刊本考》和《元刊本资治通鉴音注跋》里。

经过这样的论述，王磐这篇序文的来源，看上去好像更不好理解了。其实，我们只要充分考虑一下古代版刻的一般特点，这个情况好像也不难解释。

王磐的序文既然不是后人伪撰，同时按照我在前面第三节所得出的结论，兴文署又从未刊印过《资治通鉴》，那么，这篇序文是从何而来的？答案很简单：本来元朝兴文署想刻《资治通鉴》，于是请王磐写下了这篇序，但由于刊刻的能力不足，书实际上没刻成。

这一计划未能实现的原因，主要应该是当时元中都亦即今北京城的刻书能力不够。本来金人把朝廷监理刻书事宜的机构——书籍所，设在平阳而不是燕京，就是基于这样的考虑。前面第二节提到的蒙古太宗窝阔台八年（1236）"耶律楚材请立编修所于燕京，经籍所于平阳，编集经史"，这里讲的，显然是朝廷要在燕京修书而在撰修好书稿后再把它拿到平阳去刻——如此大费周章，原因也只能是燕京城里不具备相应的刻书条件。后来直到元朝末年，朝廷刊刻官修的《宋史》《辽史》和《金史》，还要送到浙江刊刻，说明这一情况终有元一朝都没有根本改变。《资治通鉴》是一部篇幅高达二百九十四卷的大书，在蒙古人进入中原之初，心有余而力不足，是可想而知的。

　　书虽然没能刻成，但王磐是当时文坛上的大名人，权臣阿合马甚至"致重币求文于碑"，史称当其致仕离京之日，"公卿百官出送丽泽门外，缙绅以为荣"[1]。因而这篇书序一定会在社会上有所流传。于是，后来台州路儒学在刊刻胡三省的《通鉴注》时，便把它刻在篇首，以体现本朝对《通鉴》这部书的重视。当然这也与王磐在元朝文名之盛具有很大关系。官刻书，拉来本朝庙堂学者壮壮声威，这是顺理成章的事情（从元刻本中此序是以手写行书体字刊出的情况来看，很可能是直接摹自王磐手稿）；况且台州路儒学在将其刊入书中的时候，是清清楚楚地在卷端刻上了"兴文署新刊资治通鉴序"这个符合其真实状况的篇名的，这也不是在做什么招摇撞骗的事。至于后世学人诸如清廷文臣于敏中等把这理解错了，误认作是写给这部《通鉴》胡注的序，那责任在于读者，而不是刻书的台州路儒学有什么过失。

　　那么，为什么只有一部分早印本上带有这篇序文而上海

---

[1]　《元史》卷一六〇《王磐传》，页3751—3756。

图书馆藏初印本或明中期以后的印本都没有这篇序呢？我想后者应是版片进入明南监后遭到损毁所致，这在古书当中是很常见的情况。盖书版存放，首尾最易受损。此事稍习古代版刻者自知，毋庸赘言。而元代的最初印本无序，至稍后印者始有序文（有些明代前期的印本没有王序，应是藏本存在残缺，失去了原有的序文），同样为稍习古代版刻者所当知悉的古籍常识，即全书初成时尚未刻入序文，迟至一小段时间后再添入书中。特别是上海图书馆藏初印本中还带有那些本来就不该刻入书中的胡三省的工作注记以及他的诗作，更显示出这很可能是最初试印的样本，正式大批刷印前，或已铲去了这些文字（由于具体操持者疏忽，在早期的印本中还可以看到两条未被铲除的注记[1]）。若是这样，其尚未附入王磐的序文也就更加合理了。总之，这些都是在中国古代版刻中常见的现象，一点儿也不值得大惊小怪。

在经过上述一系列论述之后，在充分肯定王国维所说王磐的序文是为兴文署所刊《资治通鉴》而作的前提下，还可以进一步审视一下这篇序文的撰著时间。

如王国维所见，元朝兴文署所刊《资治通鉴》，应在该署初设之时，而如前文所述，兴文署的初设时间，史籍缺乏明确记载，王国维只能依据《秘书监志》，推测出"至元十年已有

---

[1] 案一条见卷二六三篇末，另一条见卷二六四篇末，见傅增湘《藏园群书经眼录》卷三《史部·编年类》，页238。

兴文署"，故"刻印《通鉴》自当在此前后"。

现在回过头来再看前面第二节梳理出来的兴文署的前身，乃是由金人书籍所沿承而来的经籍所，而元朝经籍所同它的前身金人书籍所一样，是设在北方的刻书中心平阳。至元三年（1266），随着蒙古人决意南下灭宋，才把这个经籍所迁到中都（今北京城）。四个月后的至元四年二月，又改名为弘文院，接着才又改名兴文署。这个历程告诉我们，不管是叫经籍所，还是弘文院，或是最后改定的兴文署，改变的只是名称，其功能是一以贯之的，即金人的平阳书籍所就是监管书坊刻书的，元兴文署的职事同样是主持朝廷的刻书事宜。这样我们就有理由推断，这个机构被称作弘文院的时间不会很长，大概同经籍所迁至中都的时间长度差不了多少，因为时间长了，就不会一直无所事事，直到改名为兴文署之后才开始尝试刻书。

由此进一步向前推测，我想，大致可以把兴文署改名的时间定在至元四年二月以后很短一段时间之内，最迟也就是晚到至元五年年底。王磐那篇序文，也应该撰著在这前后。

六　胡克家仿元刻本述略

有关元刻本胡注《通鉴》的版刻问题，已论述如上，下面简单谈一下我对这次影印的胡克家仿元刻本的基本认识。

在前面第一节一开头我就谈到，当年胡克家以仿元形式重刻这部胡注《通鉴》，是在当时的学术风气下为了让学者能够普遍读到文字比较准确的古本而不得不采取这样的形式，但在今天，我们既然可以影印元刻本，不就直接看到了它的原貌，为什么还要印行这部清代的仿刻本呢？

关于这一问题，我们首先还是要对清代乾嘉时期仿刻古本活动的总体情况，有一个基本的了解。当时仿刻古代典籍，并不仅仅是追求形式上的相似，大多还伴有对文字的校勘，而且往往会聘请高水平的学者来主持其事。中国古籍校勘的水平和质量，就是在这一时期，达到了历史的巅峰。这一成就的代表性成果，其中有很大一部分，就是这种仿宋仿元刻本；而做出这批成果的代表性校勘学家，则以顾广圻也就是顾千里（顾广圻，字千里，号涧薲，后多以字行）位居魁首。

胡克家请来从事此书校勘的学者，首先就是顾广圻。胡克家在讲述其刻书经过时写道：

> 延文学顾君广圻、彭君兆荪及族弟枢为校勘翻雕之。[1]

彭兆荪以工诗词及骈俪文著称于时，然实博学嗜古，不以诗赋为意，嘉庆十八年（1813）在从事《通鉴》校勘期间有诗作《书义山集后》述其心志云："那将今体当文章，辟幕河东又范阳。须识清凉山行者，打钟扫地是家常。"故乐于参与胡注

---

[1] 见胡克家仿刻元本胡注《通鉴》卷末附胡氏跋语，页1b。

《通鉴》的校勘,并因此谢绝了其他一些官员延聘的工作。[1]此外,在这之前,彭兆荪还同顾广圻一道帮助胡克家校勘过仿宋刻本《文选》。至于胡克家提到的族弟胡枢,我没有见到有关他的学术活动,恐怕主要是做一些事务性的工作,实质性的作用不会很大。

在顾广圻和彭兆荪两人之间,当然顾广圻的水平更高。此前在一道帮助胡克家校勘《文选》时,彭兆荪尝写有诗句云:"书局温公创,当今刘范谁?诸君鸿爪散,此事虎头推(彭氏自注:谓涧蘋)。蒙也怀铅共,相将橐笔随。江湖留二鸟,天上定相思。"[2]可见他对顾广圻也是推崇备至的。

有这样两位高水平学者同心协力进行校勘,当然能够更正元刻本的一些文字讹误,同时还订补了一些元刻底本的剜阙文字,这是胡克家仿元刻本的一项独特价值,也是它优于元刻原本的地方。如本文一开始就已经谈到的那样,当年中华书局点校出版《资治通鉴》,就是选用此胡刻本作为底本的,这也很好地体现出学术界对这一刻本的重视。

对此需要说明的是,胡克家在刻书跋语说明其新刊之本"视元本无异,加精美焉。间有致疑,不敢臆改。拟别为考证,

---

[1] 清彭兆荪《小谟觞馆诗续集》(清嘉庆二十二年娄东城南草堂原刻本)卷二《书义山集后》,页7a。
[2] 清彭兆荪《小谟觞馆诗续集》卷一《果泉方伯应司寇召入都寄赠五首》,页15a。

胡刻資治通鑑校字記卷一 對勘元興文署本

豐城熊羅宿譯元著

資治通鑑卷第一 周紀一

二葉行陰四根本之制支葉元本支作支後做此

四葉行陰一嗚呼元本鳴作烏 陰九王弗許云

云元本失明云作 云元本鳴作

七葉行陰二同過水元本同作洞是也

八葉行陽一溫柔好樂日康元本好樂字刓缺

行陽七段規韓康子之相也元本規作規

寒斋藏民国己未刊朱印本《胡刻资治通鉴校字记》正文首页

石經稿若干卷與是編互相發明皆世間不可少之
書日廣日擬乃謙而又謙之辭開卷題目卽無學子
虛憍習氣知書之矜慎能傳炙是為序嘉慶廿有一
年秋八月既望時為觀察分校唐文於揚州事畢將
返吳門之次也

通鑑刊誤補正序 丁亥九月

前鄱陽胡果泉中丞翻雕梅磵注通鑑及既印行子
進一言曰史家此書空前絕後然有三誤溫公就長
編筆削不復一一對勘元文遂或失於檢照是其一
也梅磵雖熟乙部聞有望文生義乃選本事是其二

寒斋藏清道光年己酉（1849）徐渭仁原刻本顾广圻
《思适斋集》

以质来兹"[1]。但此书校勘过程中的实际处理方式,与这并不相同,乃是径行改动了很多文字,而且这些改动既有改对了的,也还有很多元刻底本无误而被顾、彭二人错改了的(胡刻本的文字错谬,还有一部分原因是它所依据的底本并非元刻元印,版片已有泐损修补)。近人熊罗宿在民国前期雕版印制过一部《胡刻资治通鉴校字记》,利用一部较早刷印的元刻本,一一核对元刻本同胡氏仿元本的文字异同,细致到包括点画差异和刻工姓名在内,必要的时候,读者可以参考。

胡克家在这里讲的"别为考证",本来是乾嘉时期仿古刻本通行的一种校勘做法,即在不改动原文的情况下,把那些需要改动或是注解的文字摘引出来,附在全书之后,另加说明。所谓"考证",大致相当于现在所说的"校勘记"。当然即使是像胡刻本这样已经改动原文,仍然可以用这种"考证"的形式来说明其更改的原因,但是我们也没有看到这样的"考证"内容。

在胡氏仿元本刊行十一年之后的道光七年(1827),顾广圻为张敦仁的《通鉴刊本识误》和《通鉴补正略》写序,透露出一些与此相关的信息:

> 前鄱阳胡果泉中丞翻雕梅磵注《通鉴》,及既印行,予进一言曰:"史家此书,空前绝后,然有三误:温公就

---

[1] 见胡克家仿刻元本胡注《通鉴》卷末附胡氏跋语,页 1b—2a。

长编笔削,不复一一对勘元文,遂或失于检照,是其一也。梅磵虽熟乙部,闲有望文生义乃违本事,是其二也。今所据兴文署本,并非梅磵亲所开刊,故于正文有未审温公之指而错者,于注有未识梅磵之意而舛者,是其三也。当各纂为一书,博择众说,且下己意,以卒嘉惠之盛举。"中丞然诺,逡巡之际,遽没于任,斯事废矣。

夫知前之二误,非遍究"十七史"而兼以旁通不办,亦已难矣,知后之一误,必又资于兴文以上旧本。今者,两宋大字、中字、小字未附释文、已附释文诸刻,即零卷残帙,犹艰数觏,其梅磵手稿,固久矣弗留世间,借曰卓识妙悟,好学深思,仍恐事倍功半,非尤难之难哉!

予特寒士,救死不赡,时日费用,了无籍手,駸是十年以来,不更计议及此。[1]

简单地说,顾广圻本想全面校定一部胡注《通鉴》的定本,不仅要校出元刻本版刻的舛误,校出胡三省的文字疏失,而且还要校出《通鉴》原文中司马光本人的错谬。这样的想法,也得到了胡克家的认同。这是一项宏伟的规划,有了它,胡氏仿元刻本的"考证"也就无足轻重、可有可无了。我想,这应该就是这个"考证"未能按照原定设想做出的主要原因。另外,顾广圻这段论述,还向我们讲述了一项重要认识——

---

[1] 清顾广圻《思适斋集》卷一一《通鉴刊误补正序》,页 5b—6b。

即使是元刻原本，同样存在很多问题，这是因为胡三省的原作就存在一些瑕疵。

顾广圻这一庞大规划，本来就很难施行，加之胡克家很快身逝于江苏巡抚任上，而在失去胡克家的支持之后，顾广圻以一介寒素书生，就无论如何也没有能力实现他的志向了。

在胡克家重刻之前，胡三省此书还分别在明万历和天启年间由吴勉学和陈仁锡刻印过两次。但明末刻书，总体质量都不是很高，这两次刊刻的胡注《通鉴》也不例外。其实也正因为吴勉学和陈仁锡两个刻本质量不佳，胡克家才会以仿元形式重刻此书。

胡克家仿元刊胡注《通鉴》印行后，由于其质量远超过吴、陈二本，在社会上产生广泛影响。清后期人莫友芝记述相关情形云：

> 兴文为胡注祖刊，明新安吴氏、长洲陈氏两传不免增误，鄱阳本（德勇案：指胡克家本）虽后出，得顾文学广圻校理，几还元旧，剧为当世所珍。

莫氏复记云：

> 自道光壬午（德勇案：二年）后，不复印行。东南乱定，行本益消落，好学致用之士，益务此书。率频岁求不

遇，遇又征数倍囊直，纵有力充架者往往而然。[1]

盖此书乃胡克家个人集资出资刊刻，如同此书内封面背面所题，属"鄱阳胡氏藏版"，故胡克家去世之后，其家人便将书版带回江西鄱阳家中。这套书版在江西虽然仍有刷印，但如莫氏所记，数量应相当有限，而且质量已逊于胡克家在江苏印行的本子。[2]

由于好之者众，求之者切，于是在平定太平天国战乱之后，江苏巡抚丁日昌便想在苏州的江苏书局重印此书。由于太平天国战乱对江南地区毁坏严重，书局中人估计胡刻书版当已毁失不存，所以最初是想重新依照原样翻刻胡克家刻本。不知出于什么原因，这次翻刻，是从最后一卷开始，逐次向前刊刻，孰知刻到三分之一的时候，竟然找到了残存于胡克家宅中的前三分之二书版，这样就珠联璧合，犹如鬼使神差般合成了一部全书。莫友芝记述此事经过云：

> 丙寅之岁，合肥协相权督两江，议覆而新之。已为致一鄱阳善印矣，寻提师征捻北去。

---

[1] 清莫友芝《邵亭遗文》（北京，人民文学出版社，2009，《莫友芝诗文集》本）卷三《资治通鉴后识》，页590。
[2] 清杜文澜《憩园词话》（福建师范大学藏徐乃昌旧藏清抄本）卷五，页31a—31b。清钱泰吉《曝书杂记》卷上，页13。案钱泰吉文称是书"印于苏州者极精，江西印者稍逊矣"，似书版在金陵刻成后乃运至江苏巡抚驻地苏州刷印。

戊辰（德勇案：同治七年）初春，丰顺中丞（德勇案：指丁日昌）奏开书局江苏，命友芝董斯役。议治史部，则挟是编以请，中吴士大夫佥然之。议授工何始，则以最末一帙层累而上。既若干卷就，友芝有事于秣陵。伏暑中，方县令浚益、何太守栻、桂观察嵩庆，一日之间先后来告曰："鄱阳《通鉴》板犹八九在，曷致诸苏局补缀以行，必事半功倍。"友芝亟驰书告中丞，再旬再往返，则已檄刘郡丞履芬行，先得邮实存亡卷数。则其后三之一，道光乙未前楼火，并《文选》板烬焉，前之太半在后楼，即今板也。冬十月，郡丞航以至，而局刻适完所阙卷，泯然相接凑，异矣哉！更一月以校讹补脱易漫，万叶巨编，首尾黮黮，距肇功之初夏，九阅月尔。当储本议刊，岂知鄱阳板在？逮经始考工，更安知何阙漏而豫弥缝？而率然巧合如此！天之趣成人事，恒若待其时而一兴，何也？[1]

另据记载，买到这些残存的书版，乃耗资"以千数百金"[2]。尽管如莫友芝所云，他也做过一些校补的工作，但学者一向以为原版旧印要比这次补版重印的本子好很多。[3]无奈初印本至同

---

[1] 清莫友芝《郘亭遗文》卷三《资治通鉴后识》，页590。又清杜文澜《憩园词话》（福建师范大学图书馆藏徐乃昌旧藏清抄本）卷五，页31a—31b。
[2] 清杜文澜《憩园词话》卷五，页31a—31b。
[3] 如熊罗宿在所著《胡刻资治通鉴校字记》（民国己未刻本）卷首（页1a—1b）的自序里即谓江苏书局的补版印本"往往有局本误胡本不误"者。

治年间就已经难得一见，而今更不易直接阅览，这次传古楼以上海图书馆藏初印本影印行世，爱好者得以人手一编，福莫大焉。

重印这部胡克家仿元本胡注《通鉴》，除了一般阅读之外，对于研究者来说，还有一项作用，就是便于更加准确地认识清代中期以后学者们利用《通鉴》一书形成的研究成果。历史研究最重要的基础，是文献记载，而这些文献的不同版本，文字往往都有出入。严谨深入的历史研究，在看待前人既有的认识时，需要审核他们所依据的史料。其实这本来应该是古籍版本研究当中很重要的一项内容，只是现在很少有学人能够领悟，而那些专门以区分标记宋版元版为能事的所谓"版本学家"，又哪里知道学者们怎样从事学术研究。

胡克家仿元刻本印行之后，受到学者的广泛重视和利用。所以清代中期以后很多利用《通鉴》一书所做的研究，使用的都是这种胡刻本。因此，文史学者们放置此书于手边，对做好学术研究会很有帮助。

在当前获取各种古籍版本信息越来越便利的情况下，除了用作史料做研究，影印出版古籍，还有一项意义，就是便于人们摩挲赏鉴古代版刻之美。所以，最后我再简单谈一下胡克家仿元刻本胡注《通鉴》在清代版刻发展史上的地位和版刻欣赏价值。

清代中期兴起的仿刻古本风潮，在雕版技术方面，有一项突出特征，即尽管刊刻者力求逼近古本的原貌，但实际效果还有一定差距。其最突出的表现，是版刻字体，基本上都是比较接近南宋浙本的欧体字样貌（尽管也不是很像），不管所刻底本是建本的颜体字，还是蜀本的颜柳混合支腿拉胯体；也不管是宋本，还是元本。由于实际上根本没法区分，所以黄永年统以"仿宋本"名之。[1]

清人莫友芝尝谓胡克家仿刻本同元刻原本"未能毕似"[2]。其实对比一下胡克家仿元刻本和元刻原本，大家就可以看到，除了卷首的序文之外，二者的字体是毫无相似之处的，而且还差得很远，岂止"未能毕似"而已。但这是一种独特的版刻风格，或者说是一种独具特色的版刻艺术。

清中期兴起的这种仿古版刻，虽然大体上都是同一路字体，但写样操刀，技艺高下，总是会有所区别。清中期刊刻这种"仿宋本"技艺最佳、声望最高的一家，是刘文奎、刘文楷和刘文模兄弟在金陵开设的书坊。胡克家仿元刻本胡注《通鉴》，就是交由这家书坊雕印的，在卷首王磐序文页末、卷末胡克家跋语（题作《重刊元本资治通鉴后序》）之末以及全书最后《通鉴释文辩误》卷尾页末都镌有"金陵刘文奎弟文楷 / 文模镌"注记。估计胡克家把校刻此书的书局选定在金陵城中的孙星衍家宗祠，就与方便交由刘文奎兄弟雕版有关。所以，尽管其字体与元刻原本并不相像，但作为清代中期一

---

[1] 黄永年《古籍版本学》，页 152—154。
[2] 清莫友芝《宋元旧本书经眼录》（清同治癸酉刻本）卷二"资治通鉴"条，页 8a。

种独特的版刻艺术,这部胡氏仿元刻本胡注《通鉴》,仍堪称一代佳品。闲暇时,手捧清茗,展读其书,还会带给读者古雅的艺术享受。

2020 年 2 月 23 日记

附记:本文正式发表于《中国文化》2020 年春季号(总第 51 期),页 1—29,题作《兴文署本胡注〈通鉴〉的真相及其他》。

元刻初印本《通鉴注》中胡三省注记的题写时间及其历史背景

国家图书馆出版社影印上海图书馆藏元刻初印本胡三省注《资治通鉴》，近日正式出版了。[1]这是多年来影印古籍中特别激动人心的一项重要选题。

影印出版此书的重要性，首先在于胡三省注释的《资治通鉴》自从问世之后，就以其精湛的学术见识而博得广泛认可，因而胡注就像《史记》三家注和《汉书》颜师古注一样，与被注释的典籍融为一体，一直与司马光书并行于世，成为阅读《通鉴》者一定要取以相资的辅助著述。胡三省的注释同司马光《通鉴》原书早已合为一体，密不可分。

可是进入明朝以后，不管是用元刻旧版重刷的印本，还是明朝新刻的版本，其文字都同元朝刻印的原本产生了相当程度的差异。清嘉庆年间胡克家仿照元刻本旧式重刻此书，延聘顾广圻等著名学者从事校勘，刻印的质量博得学人普遍赞誉，如莫友芝在清末即称道其书"剧为当世所珍"[2]。其影响之久远，以至近几十年来普遍通行的中华书局点校本《资治通鉴》就是以此嘉庆胡刻本作为排印的底本。

然而胡氏仿元刻本所依据的底本，刷印时间已经比较迟晚，版面的文字，在修版补版过程中，已有诸多改动，迥非胡三省书初印的原貌。

关于这部元刻本书版的刊刻及版片移动情况，我在《所谓

---

[1] 北京，国家图书馆出版社，2020年5月第1版5月第1次印本。
[2] 清莫友芝《邵亭遗文》（北京，人民文学出版社，2009，《莫友芝诗文集》本）卷三《资治通鉴后识》，页589—590。

新註資治通鑑序

古者國各有史以紀年書事晉乘楚檮杌雖不可復見春秋經聖人筆削周轍既東二百四十二年事昭如日星秦滅諸侯燔天下書以國各有史譏其先疾之尤甚詩書所以復見者諸儒能藏之屋壁諸國史記各藏其國國滅而史從之至漢時獨有秦記太史公因春秋以為十二諸侯年表因秦記以為六國年表三代則為世表當其時黃帝以來諜記猶存具有年數子長稽其歷譜諜終始五德之傳咸與古文申異且謂孔子序書略無年月雖頗有大多闕夫

国家图书馆出版社影印元刻初印本
胡注《通鉴》之胡三省序文

兴文署本胡注〈通鉴〉的真相及其他——写在胡刻〈通鉴〉影印出版的时候》中已经做过具体阐述。其大致情况是：此书在元代的刊刻，是胡三省去世之后，由胡氏家乡台州路的儒学在台州路治所临海县雕印的，至明初，书版被征调到京师，也就是后来所谓南京的国子监中。

今存世印本，多为书版移入南监后所刷，而版面已颇有漫漶泐损，故印本问题很多。目前所知，元朝在台州路儒学印行的本子，全本只有上海图书馆收藏的这一部（其他一些印本，如江西图书馆藏本，尽管也号称元印全本，可是在未经核实之前，仅看个别版面的书影，我不敢轻易相信其书果如所说），其余的藏本，都是零篇残册。就元刻元印这一点而言，上海图书馆收藏的这一部元朝印本，不仅是一部唯一可以确认的"孤本"，更可宝贵的是，它还应该是一部最初试印的样本。

很多书籍的试印样本，同正式大量刷印的本子相比，并没有多大差别，只是字迹更显爽利而已，可是上海图书馆收藏的这部胡注《通鉴》不是这样，它的内容同后来的印本有很大不同——这就是在很多卷次的篇末，附镌有胡三省的说明文字，甚至还有一首他抒发个人情怀的七言律诗。这些文字，可以说都是胡三省在写定书稿过程中的工作注记。这样的内容，一般来说，是绝没有道理印到胡注《通鉴》这部书上的，因为这显得不伦不类。虽然在一些极特殊情况下，也有人会刻意这样做（如清初湘西土司田舜年刻《廿一史纂》，乃节略《廿一史》内容，田氏即于卷末多附记其编录情况），但那是有其独特的需要，通常人们是不会这样做的。

下面我就从几个不同的角度，对这些胡三省的工作注记加以考订分析，希望对人们阅读和利用这些内容能够有所帮助，也希望对人们更加周详地认识胡三省注释《通鉴》的工作能够提供帮助，至少希望从事相关研究的学者对这些内容能够有所关注。

一 胡三省注记的题写时间

胡三省写下这些注记的时间，从至元十九年（1282）开始，迄止于至元二十九年（1292），前后经历十年之久，而大多仅书有月份和纪日干支。这样，就需要把这些纪日干支落实到具体的年份上。日本学者尾崎康曾经把这些日期转换为日本当时的宣明历。唯日本宣明历同胡三省的注记以及他在当时的历史活动毫无关系，尾崎氏这种做法，很是令人不解。虽然尾崎康也同时附注了元朝在至元十八年刚刚颁行的授时历，但元刻初印本上留下的这些注记，本身还有文字的讹误，尾崎氏未能做出合理的订正，所以他实际上未能一一清楚复原胡三省写下这些注记的确切时间。[1]

---

[1] 尾崎康《上海图书馆宋元版解题 史部（二）》，刊《斯道文库论集》第三十二集（1997年），页9—18。

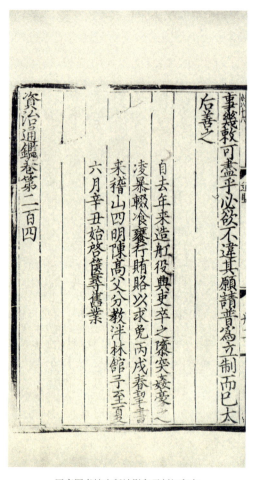

胡注《通鉴》卷二〇四篇末胡三省注记

在这里，我利用方诗铭、方小芬合著《中国史历日和中西历日对照表》[1]，根据这些胡三省注记的前后顺序和相关朔望记载，将其落实为元代的历日。

第一，相关注记所涉及的日期干支及所属年月，可用表格的形式，简要体现如下（对那些与尾崎康不同的认识，都在表格的后面具体说明我的判定原因）。

所在卷次	年份	月份	纪日干支与日期	尾崎氏所定日期
卷七	至元十九年（壬午）	四月	癸丑（二十四）	
////			戊午（二十九）	
卷二六		五月	辛酉（初三）	
卷二六 卷二七			壬戌（初四）	
////			乙丑（初七）	
卷三七		六月	壬寅（十四）	
卷三七 卷三八			戊申（二十）	
卷三八 卷三九			壬子（二十四）	
////			丙辰（二十八）	
卷七一	至元二十年（癸未）	四月	癸卯（十九）（讹作癸丑）	宣明历：四月二十九日/六月二十五日。授时历：丁未或为五月四日丁巳之误，或为五月六日己未之误
////			丁未（二十三）	

---

[1] 上海辞书出版社1987年12月第1版。

续表

所在卷次	年份	月份	纪日干支与日期	尾崎氏所定日期
卷八六	至元二十年（癸未）	六月	乙巳（二三）	授时历：二十二日为甲辰，乙巳为二十三日
／／／／			庚戌（二八）	
卷一〇七	至元二十一年（甲申）	七月	辛卯（十五）	
／／／／			丙申（二十）	
卷二〇〇	至元二十二年（乙酉）	十二月	戊戌（初一）	宣明历：至元二十三年十二月六日
／／／／			辛丑（初四）	宣明历：至元二十四年三月十一日
／／／／			乙巳（初八）	宣明历：至元二十四年三月十五日
卷二〇二			戊申（十一）	授时历：至元二十四年十一月二十二日
／／／／			壬子（十五）	授时历：至元二十四年十一月二十六日
卷二〇四 卷二〇五	至元二十三年（丙戌）	六月	辛丑（初六）	
卷二〇五 卷二〇六			癸卯（初八）	
卷二〇六 卷二〇七			乙巳（初十）	
卷二〇七			丁未（十二）	
卷二一八		九月	辛未（初七）	
／／／／			甲戌（初十）	
卷二二〇			丁丑（十三）	
／／／／			庚辰（十六）	

续表

所在卷次	年份	月份	纪日干支与日期	尾崎氏所定日期
卷二二六	至元二十四年（丁亥）	二月	庚申（二十九）	
////		闰二月	壬戌（初一）	
////			乙丑（初四）	
卷二六三		七月	戊申（十九）	
卷二六三			壬子（二十三）	
卷二六四				
卷二六四			乙卯（二十六）	
卷二六九		八月	甲戌（十六）	
卷二六九			戊寅（二十）	
卷二七〇				
卷二七〇			庚辰（二十二）	
卷二七一				
卷二七一			壬午（二十四）	
卷二七二				
卷二七二			甲申（二十六）	
卷二七三				
卷二七三			丁亥（二十九）	
卷二八二		九月	壬子（二十四）	
卷二八二			乙卯（二十七）	
卷二八三				
卷二八三			丁巳（二十九）	
卷一七一	至元二十九年（壬辰）	五月	辛丑（初十）	
////			乙巳（十四）	
卷一七五			戊午（二十七）	
卷一七五		六月	甲子（初四）	
卷一七六				
卷一七六			戊辰（初八）	
卷九		闰六月	甲午（初四）	
卷二二			辛丑（十一）	误记作卷二三
卷一七七			癸丑（二十三）	
////			乙卯（二十五）	
////		七月	庚申（初一）	

元刻初印本《通鉴注》中胡三省注记的题写时间及其历史背景

胡三省具体的注记内容，需要时读者可以取阅此元刻初印本胡注《通鉴》，自相比对。对上表中一些比较特殊的问题，现说明如下。

卷七一篇末的注记，胡氏原文为：

> 自去年秋，葺以作室，废置笔砚。癸未四月癸丑再写，丁未毕卷。

这条注记尾崎康将"四月癸丑"和次于其下的"丁未"比定为日本宣明历的四月二十九日和六月二十五日。

宣明历既与元朝的历日无关，其是非正误可置而不论，唯"四月癸丑"这一日子因前有"癸未"之年冠加其上，只能是在至元二十年这一年。依据元朝的授时历，"四月癸丑"这一天为二十九日，这个月为小月，只有二十九天，下一天甲寅日就进入五月，为五月初一，而由此下延的第一个丁未日，便是六月二十五日。尾崎康所拟宣明历的四月二十九日和六月二十五日这两个日子，实际上同元朝的授时历相同。

问题是尾崎康怀疑"丁未"这个日期或为五月四日"丁巳"之误，或为五月六日"己未"之误。那么，尾崎氏为什么怀疑"丁未"这一写录完毕的日期会有问题呢？这很简单，若是完全依循字面的记载，把这一"丁未"日定为六月二十五日，那么，通观胡三省留在诸卷篇末的这些注记，通常写录完毕一卷的时间，都在四五天上下，这样再来看这第七十一卷，从四月末竟然一直写到六月快到底了，历时将近两个月，实在是有些太长，太不可思议了。所以尾崎氏才觉得"丁未"二字或有讹误。尾崎康在文章中没有说他这样想是为什么，但我找不到别的理由，恐怕只能如此。不然人家书上的字迹刻得清清楚楚的，为啥他非觉得会有问题不可？

阅读古代典籍，研究历史问题，能够随时看到这样的问题并做出相应的解释，这是一位好学者才会具备的眼光和感觉。不过在具体解释文字的讹误时，还需要多考虑一些相关的因素，以做出更加切合实际的分析。

我们看这条注记，若是"癸未四月癸丑再写"这句话中"癸丑"这一干支准确无误，那么，由于这一天是四月末日，那么，下边注记的写录毕卷日期必然要到五月或是六月，但要果真是这样，按照古人纪日的习惯用法，就应清楚写明是在哪个月里，不应徒记干支。换句话讲，像现在我们看到的这种仅仅书写"丁未"这一干支的情况，只能是承接上文，因同属四月，故略而不再重记月份。事实上，胡三省在《通鉴》注稿上留下的这些注记，也是遵循这样的通例。如卷一七五篇末即记云："五月戊午起写，六月甲子彻卷。"即跨月时须记明下一个新的月份。所以，卷七一篇末"丁未毕卷"这一干支，若是已延至五月或是六月，是不应该不在纪日干支前先记明这个新月份的。

遵循这样的认识，我们就不应怀疑"丁未"这一日期有误，而应当考虑前面"癸丑"那一干支存在讹误。这样，我考虑可以先假设"癸丑"为"癸卯"之讹。这一是因为"癸"字的字形不易与其他天干用字互混，而"丑""卯"两字的字形颇有近似之处。元人刻书，在移录胡三省手稿上版时，自会因辨识出错而造成这样的讹误；再看"癸卯"先于"丁未"四天，胡三省写录书稿其他部分，每卷用时大致都是在四天上下，相差无多，而由四月癸卯到同月丁未，正好相隔四天。所以，我以为应把"四月癸丑"的"癸丑"订正为"癸卯"，而不宜改动"丁未"这一注记。

第二，卷八六篇末的注记，胡氏原文为：

> 六月二十二是乙巳写，越二十六日，南雷叔见过，崇饮竟日。次日，季子初生之朝，室人以汤饼相属。至二十八日庚戌乃毕卷。

如尾崎康所见，"二十二日"这一日期同"乙巳"这一干支不符，但应以何者为是，尾崎氏出于审慎，未作判断，他只是指出，若是依照授时历，二十二日应为甲辰，而乙巳乃是二十三日。今案"甲辰"同"乙巳"字形差别明显，写录过程中产生讹误的可能性极小，而"二""三"两字之易淆易讹，是古籍流传过程中十分常见的现象，故敝人推定原文"二十二日"应是"二十三日"的讹误。

第三，卷二〇〇篇末注记，胡氏原文为：

> 十二月戊戌写，次日舡场征发竹木，追逮甚急，遂辍笔三日。辛丑复写。次日，吏卒又至，鸡犬不得宁。至乙巳乃克彻卷。

尾崎康对这条注记时间的认识，存在很大谬误，需要逐项说明。

首先，"十二月戊戌"这个日子，尾崎康认定为至元二十三年的十二月六日，他推论的这个年份，很不合理。尾崎康在排比这一日期时没有附记授时历的年月时日，我理解可能是二者相同，所以没有另行标记。

尾崎氏这一认识的问题是，其一，若把这个年份定为至元二十三年，那么，至元二十二年在进入十二月之前胡三省就没有留下一条工作的注记，对比其他年份，这很特别，有些令人费解。其二，卷二〇四篇末有胡氏注记云：

> 自去年来，造舡役兴，吏卒之骧突，奸豪之凌暴，辍飡饔、行贿赂以求免。丙戌春，挈书来稽山，四明陈高父分教泮林，馆予至夏。六月辛丑，始启箧寻旧业。

文中"丙戌春"为至元二十三年之春，则斯时所云"去年"必指至元二十二年无疑，故所说"自去年来，造舡役兴"之事，与卷二〇〇篇末"十二月戊戌写，次日舡场征发竹木"云云，自属一事。所以，尾崎康将其系于至元二十三年之下，也必误无疑。

其次，年份既误，在此前提下推定的十二月六日这一日期，也随之致误。盖每月朔日既异，具体干支表示的日期亦随之推移。现在把年份订正为至元二十二年，这一年十二月朔日正在戊戌这一天，也就是说，是在十二月初一。

再者，"遂辍笔三日。辛丑复写"这两句话，不知出于什么原因，被尾崎康误识作"遂辍笔，三月辛丑复写"，这样，大概是由于至元二十三年三月丁卯朔，故是月无辛丑，不得已，尾崎氏复将这一月份推至下一年，也就是至元二十四年。这一年三月辛卯朔，辛丑为十一日，故尾崎氏把这一日期推定为至元二十四年三月十一日。但复按原文，分明是"三日"而不是"三月"。疑当时他到上海图书馆看书，为时间和条件所限，过于仓促，一时笔记有误，造成这一结果。如前所述，至元二十二年十二月戊戌朔，辛丑值此月初四。

最后是"乙巳乃克彻卷"这一时日，尾崎氏因误定前文"辛丑"为至元二十四年三月十一日，顺次后延，便将此日定为至元二十四年三月十五日，今则随"辛丑"日前移为至元二十二年十二月初八。

第四，卷二〇二篇末注记，胡氏原文为：

> 十一月戊申起写，壬子望日彻卷。先二日，海人再入山伐竹，乡邻骚然。

尾崎康记云，若依授时历，这两个干支应为十一月二十二日

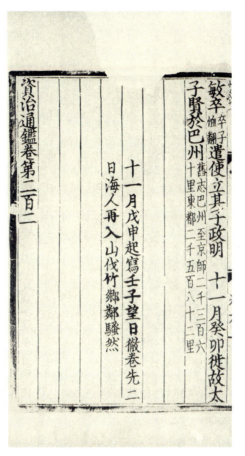

国家图书馆出版社影印元刻初印本
胡注《通鉴》卷二〇二篇末胡三省注记

与二十六日，这是顺承前此卷二〇〇篇末那一条注记而做的推断。因为如上所述，他已经把那一条注记的最后那一个"乙巳"日定为至元二十四年三月十五日，故此十一月便只能同属至元二十四年。现在既已订正上一条的错误，自应重新考虑这一条注记的题写时间。

然而情况仍很复杂。上一条注记，记于至元二十二年十二月初八，据此，这一条的"十一月戊申"自应在此之后，那么最早只能是至元二十三年十一月的事情。可若这样比定，仍行不通。

一是至元二十三年十一月癸亥朔，望日为丁丑，不在壬子，而且此月根本没有壬子日。像尾崎康那样把这个月份定为至元二十四年十一月，其壬子日同样不在望日。尾崎氏自己也已经意识到这是个很不好解释的问题。

二是下面紧接着的另一条胡氏注记，是前面引述过的写在卷二〇四篇末的那一条，而那一条注记的题写时间，是至元二十三年六月。这样，按照时间顺序，卷二〇二篇末这一条注记只能是写于至元二十三年六月之前，而不应该写于至元二十三年十一月。当然，如前所论，同时还应该在至元二十二年十二月初八那一天之后。

这样我们再来看一下至元二十二年十二月的望日是在哪一天——这一年的十二月十五正在壬子日这一天！所以，这个"十一月戊申起写"的"十一月"应是"十二月"的讹误。审此处版刻字有缺损，明显经过描润，因而这一字误也可能是描润时造成。把这一月份由"十一月"订正为"十二月"之后，前前后后，就都很顺畅，不存在任何窒碍了。

在《所谓兴文署本胡注〈通鉴〉的真相及其他——写在胡刻〈通鉴〉影印出版的时候》一文当中，我已利用这些注记的内容对胡三省撰著《通鉴》之注的过程进行了比较详细的阐释。除此之外，元刻初印本胡注《通鉴》上这些胡三省的注记，对研究胡三省晚年的行迹，也有重要价值，而利用这些注记最重要的基础，还是要先来厘清其添写的具体时日。尾崎康过去根据他排定的历日，逐时排比了胡三省在这些年中的活动轨迹，但如上所述，他排出的时日并不准确，还存在很多问题，依此复原的胡三省行迹，似乎也需要按照上文所说做出相应的订正。不过在一一落实这些注记的题写时间之后，也就逐一确定了其先后关系，有难度的研究工作已经做好，依此排比胡三省的行踪也就成了一项纯技术性的工作，或者说成了一项体力活儿，这里恕我就不再具体罗列，谁想编写详细的胡三省年谱时再来抄录进去就是了。

二　相关史事述略

元刻初印本胡注《通鉴》上这些胡三省的注记，其史料价值不仅限于胡三省个人，还可以为研究元初一些重大史事提供很好的帮助，同时，我们也理解了胡三省写成《通鉴注》一书的艰难情况。

胡三省写在《通鉴注》书稿上的这些注记，虽然其主旨只是记述工作的进展状况，有时也抒发一下撰著过程中的感慨，但无意间留下了一些有关元朝重大史事的记载。所谓"重大史事"，一是元军侵略日本之役，二是与此役密切相关的江南社会动乱。

元世祖忽必烈发动的侵日战争，是直接以灭亡日本和奴役日本民众为目的的。为实现这一目的，元世祖前后经营多年，最重要的军事攻击，主要有两次。第一次发生在至元十一年（1274），第二次发生在至元十八年（1281）。这两次劳师远征，都没有能够达到目的；特别是至元十八年这一次，元军十三万余人，另有附从高丽军一万余人，而"元军不返者十万余人，高丽军亦七千余人"[1]，堪称完败。

然而元世祖忽必烈并没有从这样惨痛的失败中吸取教训，而是从下一年亦即至元十九年开始，就又积极准备再度出征日本，其中一项重要的战争准备工作，就是建造渡海的战舰。当时建造战舰的地点，除了高丽以外，在元朝本土，主要有平滦、扬州、隆兴、泉州等地，"共造大小船三千艘"[2]。

到至元二十二年，这次新的东征计划，开始付诸实施。这一年四月，"以征日本船运粮江淮及教军水战"。十月癸丑，"立征东行省……征日本"。丁卯，"敕枢密院计胶、莱诸处漕船，高丽、江南诸处所造海舶，括佣江淮民船，备征日本。

---

[1] 长村鉴《蒙古寇纪》（东京，元寇弘安役六百五十年记念会，1931，影印旧写本）卷下（案此本无页码编排）。

[2] 《元史》（北京，中华书局，1976）卷一二《世祖纪》九，页246。

将亦必择明谋雄略如伯颜俾事易就绪堂敢用逃宽苟免如文虎者哉彼既乎朵之后尚不敢息兵征交盛代占城者其意专在使英雄豪杰遗蘖残姓摩蘯燹燔痛惩兵革勿再思虑是以屡伐不胜屡徵不至独曾无愳其行谋彼讨堂易量哉○元军不返者十万馀人高丽军亦七十馀人○按诸书记元丧师各有异同世祖纪云丧师十七八相威传云七卒十丧六七○阿塔海传云丧师十七八相威传云七卒十存一二○阿塔海传云丧军田至高丽境十存一二○熙田高丽还京师士卒存者十一二○日本传云万户厲德彪招讨王国佐水手总管陆文政等不聼节制各自逃去本省载馀军至合浦又云文虎等诸将弃军士卒于山下武惠传云拣破舟板漂流得达高丽之金州合浦散兵亦来集达船篓之象士卒十万于山下挻惠传云拣破舟板漂流得达高丽之金州合浦散兵亦来集逃去本省载馀军至合浦又云文虎等诸将弃军士卒于山下武惠传云拣破舟板漂流得达高丽之金州合浦散兵亦来集属德彪招讨王国佐水手总管陆文政等不聼节制各自逃去本省载馀军至合浦又云文虎等诸将弃军士卒于山下熙田高丽还京师士卒存者十一二○日本传云万户以归也速府纪传云则其将家谱云十岛泉得还者仅三人要署百而已然将军得还者仅三四人通鑑纲目云得生还者于阎万五等僅三四人

仍敕习泛海者,募水工至千人者为千户,百人者为百户"。至十一月壬申,复"以讨日本,遣阿八剌督江淮行省军需,遣察忽督辽东行省军需……戊寅,遣使告高丽发兵万人、船六百五十艘,助征日本。仍令于近地多造船……癸巳,敕漕江淮米百万石,泛海贮于高丽之合浦"。十二月己亥,又见"江淮行省以战船千艘习水战江中"。[1]

这就是至元二十二年十二月初一胡三省写在卷二〇〇篇末那一段注记的历史背景,胡氏所说"次日舡场征发竹木,追逮甚急",以致"鸡犬不得宁"的情况,显然是为出征日本造船所致。盖当时所谓"江淮行省"即江浙行省前身,初治扬州,此前一年亦即至元二十一年已迁治杭州。[2] 故胡三省家乡台州的"舡场",应即《元史》所记江南、江淮建造战船的处所之一。接下来胡三省在卷二〇二篇末所记"再入山伐竹,乡邻骚然"的情况,讲的当然也是因砍伐造船竹材而对乡民造成的骚扰。至第二年即至元二十三年春天,胡三省复在卷二〇四篇末追记当时"造舡役兴"的情形说:"吏卒之隳突,奸豪之凌暴,辍飡饔、行贿赂以求免。"这些都是反映这次造船活动社会影响的珍贵史料,其出自著名史学家胡三省之手,尤其值得重视。

另一方面,在这一大的历史背景之下来看胡三省这几条

---

[1] 《元史》卷一三《世祖纪》十,页280—282。
[2] 《元史》卷九一《百官志》七,页2306。

注记,大家就会看到,若是像尾崎康那样将其放到至元二十三年甚至二十四年之下,那么,就会背离上述时代背景。盖至元二十三年正月甲戌,元世祖"以日本孤远岛夷,重困民力,罢征日本,召阿八赤赴阙,仍散所顾民船"[1],即不得不收敛其征服日本的野心,放弃了这次出征的计划。此后虽然还有小规模的对日海上军事行动,但再未大规模发兵。这样也就没有大规模打造战船的必要。所以,胡三省记述的台州造船活动,只能发生在至元二十二年年底,而不会是至元二十三年或至元二十四年的事情。

这场侵日战事对胡三省注释《通鉴》的影响,不仅上面所说延缓其写录进程这一点,其部分注稿的毁失,也同这场对外侵略战争具有直接的关系。

就在胡三省记下这次元廷造船征日骚扰台州居民一事前后,在更大的范围内,有所谓"江南群盗"兴起,即江南及东南沿海地带,民众群起,反抗元廷的压迫。引发这些暴动的主要原因之一,就是朝廷罔顾民力,为征服日本而大规模建造船只并征发水手。至元二十年五月,御史中丞崔彧进言曰:

> 江南盗贼相继而起,皆缘拘水手、造海船,民不聊生,日本之役,宜姑止之。江南四省应办军需,宜量民力,勿强以土产所无。凡给物价及民者必以实。召募水

---

[1] 《元史》卷一四《世祖纪》十一,页285。

手,当从所欲。伺民之气稍苏,我之力粗备,三二年复东征未晚。

可惜结果是圣上顽固"不从"。至是年六月戊子,果然便"以征日本,民间骚动,盗贼窃发"[1]。至元二十三年,朝廷又将兴兵征伐交趾,且有再征日本之议,吏部尚书刘宣上言曰:"连年日本之役,百姓愁戚,官府扰攘,今春停罢,江浙军民欢声如雷。"[2]可见为征伐日本而连年劳民伤民,是造成当时社会动荡的主要原因之一。

征伐日本的战事,虽然在至元二十三年年初就大致停息下来,但元廷随即又南征安南,致使由兴兵侵略而造成的社会动荡继续发展。

正是在这一背景之下,我们在这部元刻初印本胡注《通鉴》卷一七一的篇末,看到有胡氏注记云,至元二十六年正月,"妖贼杨镇龙起玉山,焚天台、新昌、嵊县,犯猎诸暨、东易(当为'昜'字之讹。案'昜'乃'阳'之古体)、金华,进薄婺城而败。余党溃归吾乡者,复啸聚,焚奉化、宁海。大兵来讨之,逸德之烈,不分玉石,烧荡室庐,系累屠杀者什七八"。兵燹中胡三省举家入山避难,致使其《通鉴注》的全部草稿和"自一百七十一卷至一百九十卷凡廿卷"

---

[1] 《元史》卷一二《世祖纪》九,页254—255。
[2] 《元史》卷一六八《刘宣传》,页3951。

清定的定稿，俱毁失无存，胡氏不得不再艰难补撰这部分阙失的内容。

胡三省在《通鉴注》中留下的这些注记，同元朝的历史进程密切相关，从中我们可以看到元朝发动侵日战争对文化的严重破坏，也能够更清楚地了解到胡氏撰著此书时所面临的社会环境。另一方面，胡三省这些注记，也为我们了解元军征日的社会影响和所谓"江南群盗"的实况提供了一个鲜活的例证。这些都是这部元刻初印本胡注《通鉴》所具有的独特史料价值。

三　胡三省的心迹及其他

注释《资治通鉴》，既耗费了胡三省生命中很大一部分时光，也寄寓着他的政治期望，因而在元刻初印本留下的这些胡氏注记中，也透露出一些他的心声。

在全书末尾，也就是《通鉴》卷二九四的篇末，胡三省题有下面这样一首七言律诗：

> 通鉴相随四十秋，黑头吾伊到白头。
> 夜眠欲睡不得睡，昼坐似愁还非愁。
> 经济满怀无用处，兴亡过眼欻如流。
> 手编留与儿孙读，知得儿孙会得否？

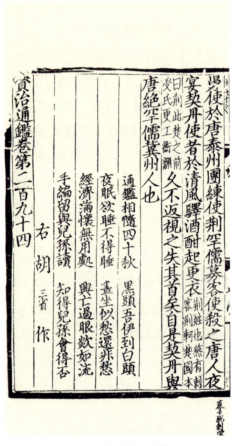

国家图书馆出版社影印元刻初印本
胡注《通鉴》卷二九四篇末胡三省题诗

他还落款署名云:"右胡三省作。"胡三省在至元二十二年冬至日写出的《新注资治通鉴序》中叙述说,自"宝祐丙辰出身进士科,始得大肆其力于是书,游宦远外,率携以自随。有异书异人,必就而正焉"[1]。从宝祐丙辰亦即宋理宗宝祐四年(1256)算起,四十年后为元成宗元贞二年(1296)。古人写诗,自可举其约数,未必实指。我在《所谓兴文署本胡注〈通鉴〉的真相及其他》一文中已经指出,因其"自一百七十一卷至一百九十卷凡廿卷"的书稿在战乱中毁失,大致是在至元二十九年九月以前才完成补撰这部分书稿的工作,而从世祖至元二十九年(1292)到成宗元贞二年只差四年时间,所以胡三省这首诗写成于全稿完毕之际的可能性很大。

不管是虚指四十年,还是实指四十年,这个时间,都比其友人袁桷谓胡氏"释《通鉴》三十年"的说法要更为接近实际情况。袁说见所著《师友渊源录》[2],后世学者论胡三省注释《通鉴》用力之深,往往都要引述他这一说法。现在既已印行这部元刻初印本,世人得以知晓这首诗作,以后恐怕就更应称道"通鉴相随四十秋"这一夫子自道之语了。

诗中"经济满怀无用处,兴亡过眼欸如流"这一联,清楚地道出了胡三省的用世情怀。据其《通鉴注》自序等记述,经

---

[1] 见国家图书馆出版社 2020 年影印元刻初印本胡注《通鉴》卷首胡氏《新注资治通鉴序》,页 4a—4b。
[2] 元袁桷《清容居士集》(上海,商务印书馆,民国《四部丛刊初编》影印元刊本)卷三三《师友渊源录》,页 17a。

漸成藩鎮侈辟書時被廟堂移清風號野
黃蘆淨亂雨傳更畫角悲從此甲兵端不
用書生有味老清時
四城賦擬張衡麗十鑑書同賈誼哀(公有四城)
十鑑江東腹裏春秋納雲夢案頭今古起風
賦(舊尉慈溪翁勵去)
雷青衫不受折腰辱舟泊城南更回首寒
豈知徒步回道間乙戌歸里(此詩屬胡懷寧三省)
風吹淚下天台
觀物
黃河不信從天下濟水那知有伏流自古

《四部丛刊初编》影印元刊本《清容居士集》

廖莹中推荐，他曾一度依附于丞相贾似道，在宋恭帝德祐元年，"从军江上"，具体的官职，是"主管沿江制置司机宜文字"。唯惜"言辄不用"，又"既而军溃"，不得已，才退身官场，徒步回归乡里，屏谢一切人事，专心一意从事著述[1]，而将其家国情怀，寄寓注文之中。昔陈垣即以为"其忠爱之忱见于《鉴注》者不一而足"，故撰著《通鉴胡注表微》一书，将其微旨表而出之。[2]今读胡三省这一联诗句，适可为陈垣所说"忠爱之忱"增一直接说明。

不过在这里还要稍加说明的是，胡三省注《通鉴》，本来在地理上花费心力最多，成就和价值也最大，可是陈垣在《通鉴胡注表微》一书中，对他的地理考证，只是很浮泛地论述说："考证为史学方法之一，欲实事求是，非考证不可。彼毕生从事考证，以为尽史学能事者固非；薄视考证以为不足道者，亦未必是也。兹特辑存数十条，以备史学之一法，固知非大义微言所在也。"[3]即以为胡三省如此究心于地理，仅仅是一种技术性的工作，并没有什么政治寄托，这实在很不妥

---

[1] 国家图书馆出版社2020年影印元刻初印本胡注《通鉴》卷首胡氏《新注资治通鉴序》，页4b。光绪《宁海县志》卷二〇胡幼文撰《胡身之墓碑》，页23b。元袁桷《清容居士集》卷一一《过扬州忆昔六首》（页2a）中有一首诗乃"属胡怀宁三省"（据此可知胡氏尝别以"怀宁"为字），其中有句云"白眼岂知徒步回"，自注"乙亥间道归里"，乙亥即恭帝德祐元年。

[2] 陈垣《通鉴胡注表微》（沈阳，辽宁教育出版社，1997）卷首陈氏《小引》（案此页无页码注记）。

[3] 陈垣《通鉴胡注表微》之《考证篇》第六，页76。

当。我在《清后期的历史地理》一文中曾专门谈论过这一问题[1],指出在中国学术史上,读前代史书而特别究心于古今地理沿革对照,一直与危殆的政治局势密切关联,身经亡国之变的胡三省也是这样。检读胡三省《通鉴注》自序所云"用兵行师,创法立制,而不知迹古人之所以得,鉴古人之所以失,则求胜而败,图利而害,此必然者也"[2],与此"经济满怀无用处,兴亡过眼欸如流"相对读,更易明了其关注地理沿革的用心所在。

在胡三省的这些工作注记当中,还另有一条,内容同这首诗,特别是同其最后两句紧密相关。这条注记写在卷一七五篇末:

> 五月戊午起写,六月甲子彻卷。是数日骤热,余虽欲自力,而力分于扇箑。因念柳子厚言人不过经数十寒暑,则无此身。余今六十三矣,能禁几寒暑邪?志不得行于世,命也;学之不讲,儿孙不知自勉,斯吾忧也。

所谓"志不得行于世",首先是与前述其在宋末"言辄不用"直接相关。其"学之不讲",既与他甘做亡宋遗民有关,也是

---

[1] 拙文《清后期的历史地理》,收入敝人文集《困学书城》(北京,生活·读书·新知三联书店,2009),页252—255。
[2] 国家图书馆出版社2020年影印元刻初印本胡注《通鉴》卷首胡氏《新注资治通鉴序》,页2b—3a。

一种无奈,唯观其晚年对诸子所说"吾成此书,死而无憾"[1],可知撰成《通鉴注》一书,对其学术情怀自是极大慰藉。至于"儿孙不知自勉"一语,则同"手编留与儿孙读,知得儿孙会得否?"那两句诗相互呼应,都是对子孙未能承其学业无可奈何的感慨。官二代传之易,学二代受之难,自古已然。胡氏诸子在其身后能够妥善保存书稿,并交由于台州路儒学梓行,使其一生心血得以顺利传布于世,这也足以令胡三省在九泉之下感到欣慰了。

此前我在《所谓兴文署本胡注〈通鉴〉的真相及其他》一文中,根据元刻初印本胡注《通鉴》卷一七一篇末的胡氏注记,指出胡三省在补撰"自一百七十一卷至一百九十卷"这二十卷书稿时,手边已经没有司马光《资治通鉴》原书可以使用,因而"这补撰的二十卷注稿,是在什么时候写录到怎样一部《通鉴》书中,甚至它是不是写录到了《通鉴》书中,现在都已经无从稽考了"。史阙有间,这实在无可奈何,不过认真审视一下当时最有可能得到的《通鉴》,还是可以做出一个大致的推断。

检存世元代刻本中有一至元二十六年至二十八年间梓行的《资治通鉴》,有刻书序文如下:

> 《书》讫而《春秋》作,《春秋》绝而《通鉴》续,俯

---

[1] 光绪《宁海县志》卷二〇胡幼文撰《胡身之墓碑》,页23b。

仰数千年尽在是矣。予旧收蜀本《通鉴》,视江南诸本为善,惜其今无存梓也。乃命工翻刊,起于至元已丑春,迨辛卯春成,士友校雠,谓无讹舛,因记岁月,以贻后观。奉国上将军福建等处行尚书省参知政事魏天祐书于建之中和堂。[1]

魏天祐"命工翻刊"的是在每一年份下都附加有干支纪年的蜀刻"龙爪本"《资治通鉴》。值得注意的是,这一翻刻本刊成于至元二十八年,紧邻胡三省大体写录完毕《通鉴注》书稿的至元二十九年。虽然从胡三省的工作注记来看,至元二十九年时他还并不知晓,当然也不可能马上看到这种新刻印的《资治通鉴》,但福建与浙江南北毗邻,胡氏应该在至元二十九年之后很快就能够得到这种新刻的版本。因而我推想胡三省最后补撰的"自一百七十一卷至一百九十卷"这二十卷书稿,最有可能是被移录到这个本子的《通鉴》之上的,只是需要删去后人妄增的纪年甲子。

民国初年章钰撰著《胡刻通鉴正文校宋记述略》,尽可能利用当时所见宋刻本来做校勘,亦无法判断胡三省依据的底本到底是什么版本。[2]现在我从当时的特殊历史背景入手,推测

---

[1] 傅增湘《藏园群书经眼录》(北京,中华书局,1983)卷三鄂州孟太师府鹄山书院刻本"资治通鉴"条,页234。
[2] 章钰《胡刻通鉴正文校宋记述略》(北京,中华书局,1956,《资治通鉴》卷首附印本),页7—21。

元世祖至元二十八年（1291）魏天祐刻《资治通鉴》
（据《国家图书馆宋元善本图录》）

其卷一七一至一九〇这二十卷书可能采用的是元魏天祐刻本，或可为深入认识胡注《通鉴》的撰著过程提供一个有益的着眼点。希望日后能有闲暇来验证这一猜想，而这并不是一件很难做的事情。

当然，此前在《所谓兴文署本胡注〈通鉴〉的真相及其他》一文中我已经谈到，依据元刻初印本上的胡三省注记，我们可以知道胡三省补撰这二十卷时最初依据的是袁桷所藏"汴都枣木本"，也就是一部北宋时期在都城开封刊刻的本子。《通鉴》北宋刻本现今仍存留于世者，仅有部分有待进一步论证的"广都费氏进修堂刻本"残卷，这也就是刚刚提到的所谓"龙爪本"，因而通过胡三省留在书稿中的这些注记，我们可以了解到这二十卷书在《通鉴》版本的研究中是具有很多特殊价值的。

关于这二十卷《资治通鉴》版本的具体情况，需要花费很多功夫仔细琢磨，但粗略翻检，也可以很快得到一些大致的印象。概括地说，传世《通鉴》的祖本，是元祐元年至元祐七年刊刻的所谓"国子监刻本"，绍兴二年（1132）至三年间刊刻的两浙东路茶盐司本乃是直接翻雕这一祖本，南宋时期四川地区以外刊刻的《资治通鉴》又大多出自两浙东路茶盐司本，而我们不难看出，这二十卷胡注依据的"汴都枣木本"与两浙东路茶盐司本是有明显出入的。

如胡注《通鉴》卷一七五陈宣帝太建十三年（581）二月丙寅"立王后独孤为皇后"句下胡三省记云："'独孤'之下

逸'氏'字。"可当年章钰校《资治通鉴》即已指出，两浙东路茶盐司本和《四部丛刊初编》本都并不阙佚这个"氏"字。又胡注《通鉴》卷一八八唐高祖武德三年（620）戊申，"时世充太子玄应镇镇虎牢，军于荥、汴之间"，胡三省记云："'荣'，当作'荥'。言军于荥泽、汴水之间。"而章钰也已指出两浙东路茶盐司本正是书作"荥"字，《通鉴》下文紧接着述及"荥州"，也是同样的问题。还有胡注《通鉴》卷一九〇唐高祖武德六年六月丁卯，"瓜州总管贺若怀广按部至沙州"，七月丙子，"张护、李通杀贺拔怀广"，胡三省记云："余按'贺拔'意亦当从上作'贺若'。"章钰也指出两浙东路茶盐司本和《四部丛刊初编》本此处正书作"贺若"。[1] 这些情况都直接显示出这个"汴都枣木本"同绍兴初年两浙东路茶盐司本的不同；间接地看，或许这也是北宋"汴都枣木本"同元祐祖本的差异。

至于除了卷一七一至一九〇这二十卷之外胡三省做注时到底依据的是怎样一部底本，我虽然没有花费工夫做过探讨，但胡注本卷末附有绍兴二年至三年两浙东路茶盐司刻本的校勘官员衔名，其中有"右修职郎绍兴府嵊县丞桂祐之"[2]，今国

---

[1] 见1956年中华书局点校本《资治通鉴》页5435，页5893，页5969。
[2] 见清嘉庆丙子胡克家仿刻元本胡注《通鉴》卷末附绍兴二年至三年两浙东路茶盐司校勘衔名，页36a。案国家图书馆出版社2020年影印元刻初印本胡注《通鉴》阙此校勘衔名，疑佚失。稍后明初刷印此版即附有此等内容，检熊罗宿《胡刻资治通鉴校字记》卷四（页21a）可知。

家图书馆藏两浙东路茶盐司原本这一衔名已佚失不存，但在其卷二四一和卷二四九两卷篇末，都镌记有"左文林郎知绍兴府嵊县丞臣季祐之校正"字样[1]，这个"季祐之"应是"桂祐之"的正确写法，而《四部丛刊初编》影印建本已讹作"桂"姓[2]，这说明胡注依据的底本同这个建本具有非常近密的关系。

尽管如此，这个建本并不是胡注的底本。在这里不妨比对一下胡注的文字，如卷一一八晋恭帝元熙元年（419）正月庚申，"剌刘道怜司空出镇京口"，胡注云："'剌'者，'敕'字之误也。"章钰谓《四部丛刊初编》本乃正确书作"敕"字。又同卷同年二月，"初，司马楚之奉其父荣期之丧归建康，会宋公称"，章钰亦谓《四部丛刊初编》本乃书作"宋公裕"[3]。这都显示出二者并非一事。

另外，关于国家图书馆出版社影印这部元刻初印本对人们利用胡注《通鉴》的版本学价值，这实在是一个不言自明的问题，用不着多费笔墨。因为这是世间可以确认的唯一一部完整的元朝印本，而且还是胡三省书的原刻初印，在胡氏原稿不存的情况下，它最接近胡注《通鉴》的原貌。民国时期大藏书家傅增湘以"双鉴楼"名其书斋，而其所谓"双鉴"之一即元刻

---

[1] 国家图书馆出版社2006年《中华再造善本》丛书影印两浙东路茶盐司刻本《资治通鉴》卷二四一，页17b；又卷二四九，页18b。
[2] 《四部丛刊初编》影印宋建本《资治通鉴》卷末，页26b。
[3] 见1956年中华书局点校本《资治通鉴》，页3725—3726。

胡注《通鉴》，尚是书版移入朱明南监以后的印本。知此，更易理解此元刻初印本之珍稀。

长期以来，这个本子一直深藏秘阁，学者难得一见，更无人利用它来校勘通行的版本。如同我在本文开头所讲的那样，朱明以后的印本，不管是重刷的元刻旧版，还是新刻的明人新版，直至清嘉庆年间胡克家仿元重椠本，其文字内容都同元朝刻印的原本存在不同程度的差异。现在国家图书馆出版社将上海图书馆收藏的这部元刻初印本影印行世，研读胡三省书的学人得以摩挲在手，随时展阅，对相关学术研究自然帮助多多，其学术价值，在近年大量影印的古籍当中，是值得特别称道的。

另外需要特别指出的是，存世宋元本《资治通鉴》，除今存国家图书馆的绍兴三年两浙东路茶盐司公使库刻本（今有《中华再造善本》丛书影印本）外，已别无全本（《四部丛刊初编》影印涵芬楼藏所谓大字建本也有部分卷次是以清抄本补配），因而若就司马光《资治通鉴》的本文而言，不管胡三省的工作底本为哪一种版本，这部初印本胡注《通鉴》也是继绍兴三年两浙东路茶盐司公使库刻本之后唯一的一部首尾完具且面目如初的元刻古本。从这一角度看，学者也理应予以高度重视。

不过需要指出的是，这种元刻初印本虽然是胡注《通鉴》最好的版本，但并不等于说此本已经十全十美，没有瑕疵。对这一点，清人顾广圻曾经有所指摘，即谓元刻本"非梅磵亲所开刊,故于正文有未审温公之指而错者,于注有未识梅磵之意而舛者"[1]。事实上,完美无缺而不需要治史者自行校勘订正的史籍是不存在的,考辨校订史料是治史者的基本工作;具备一定的史料辨析能力,也是治史者不可或缺的基本功。大家切不可以为有了这部影印的元刻初印本来用,读胡注《通鉴》就万事大吉了。

况且即使是司马光《资治通鉴》原书,顾广圻也已指出"温公就长编笔削,不复一一对勘元文,遂或失于检照"[2]。也就是说,司马温公本人还有很多文字的疏误,对于我们阅读和利用胡注《通鉴》来说,这或许可以看作是另一项特别值得重视的"版本"问题——哪怕司马光《通鉴》的全部手稿都能重现于世,我们也还是要开动自己的脑子来读这部史书。读书治史,不是搞个国家重大项目来校勘出一部"定本"就可以两眼发直只盯着一本书看的。

对了,最后说一下胡三省这部书的正式名称是什么。确切地说,可以说这部书没有名称,胡三省只是给司马光的《资治通鉴》做了个注。这就像郑玄注"三礼",《礼》就是《礼》,郑玄并没有给它另加一个自己新定的名称。其实大家熟知的《水经注》也是这样,它并不是郦道元给它定的书名。郦道元只是给《水经》做注,《水经注》这个名称是读书的人叫出来

---

[1] 清顾广圻《思适斋集》(清道光年己酉徐渭仁原刻本)卷一一《通鉴刊误补正序》,页 5b—6b。
[2] 清顾广圻《思适斋集》卷一一《通鉴刊误补正序》,页 5b—6b。

的。同《水经注》的际遇一样，后世学者或以《资治通鉴音注》来称谓胡三省此书，当然也只能说是个便宜的俗称。大家看这部元刻初印本，其首卷卷端镌记的书名只是"资治通鉴"，这就是最好的证据。这原汁原味，一点儿也没有经过改动，你就真的得信。

当然像这样没个独立的书名称呼起来确实不大方便，如同我在《所谓兴文署本胡注〈通鉴〉的真相及其他》那篇文章中已经谈到的那样，也可以像胡三省在书前自序中题署的那样，把这个注本的正式名称定为《新注资治通鉴》。当然，这同《资治通鉴音注》一样，也是一种便宜的叫法，只不过这是出自胡三省本人之口的称谓。有意思的是，颜师古注《汉书》，他对自己这个注本也是称作《新注汉书》。乍听我这样的说法，很多人也许会很诧异，但我们看很多宋代刻本的《汉书》，如南宋庆元年间建安刘元起书坊刻本、建安蔡琪家塾刻本和嘉定十七年（1224）白鹭洲书院刻本，都把卷首刊载的颜氏《叙例》题作"新注汉书叙例"，我理解，这"新注汉书"四字就应该是颜师古本人对其注本的便宜称谓。

那么，胡三省自序题署的这个"新注"是就何而言呢？单纯从表面形式上看，其最直接的对象，应该是针对所谓"龙爪本"《通鉴》中的注文（因为除此之外，世间并没有附带注文的《通鉴》）。但"龙爪本"的释文主要取自史照的《资治通鉴释文》，而胡氏在序文中已明确讲述其最初立意为《通鉴》做注乃是要"刊正"史照的《释文》[1]，并且还附着《通鉴释文辩误》十二卷，与其注本并行，这就清楚地显示出其所谓"新注"乃是针对史照的"旧注"而言。

2020 年 6 月 6 日完稿
2020 年 7 月 2 日润色定稿

---

[1] 国家图书馆出版社 2020 年影印元刻初印本胡注《通鉴》卷首胡氏《新注资治通鉴序》，页 4a。

再谈元刻初印本胡注《通鉴》阙佚的王磐序文

胡三省注司马光《资治通鉴》，其传世明前期印本，在卷首镌有元翰林学士王磐所撰《兴文署新刊资治通鉴序》。关于这篇序文同胡注《通鉴》的关系，前此我在《所谓兴文署本胡注〈通鉴〉的真相及其他——写在胡刻〈通鉴〉影印出版的时候》这篇文稿中已经做过比较系统的论述，结论是元兴文署并未刻印过《通鉴》，胡三省注释《通鉴》时当然也无从利用所谓兴文署本作为底本，即胡三省的注释同所谓兴文署本《通鉴》毫无关系。

在这种情况下，就需要对这篇序文的来源做出解释，也就需要说明为何在胡注《通鉴》中会出现这样一篇序文。概括地讲，王磐那篇序文，大致是在至元四年（1267）二月到至元五年年底为元朝兴文署拟议刊刻的《资治通鉴》而撰写的，但由于当时燕京地区版刻能力严重不足，这部拟议刊刻的《资治通鉴》实际并没有付梓成版。那么，这篇序文又是怎么进入胡注《通鉴》这部书中的呢？过去吴哲夫在研究这一问题的时候，曾经以为它是在"明季或清初"由某位好事的藏书者"利用元代兴文署的相关史料为内容"伪造出来的。对此，我在《所谓兴文署本胡注〈通鉴〉的真相及其他》一文中已经做出说明——这是不可能的，也是没有任何道理的。

昨天得到国家图书馆出版社影印的上海图书馆藏元刻初印本胡注《通鉴》，其《序言》则在吴哲夫既有认识的基础上，参看"元刻初印本无王磐序，弘治以下印本亦无，仅明前期印本有之"的情况，"疑王磐序为明前期误入，随后抽去"；或谓

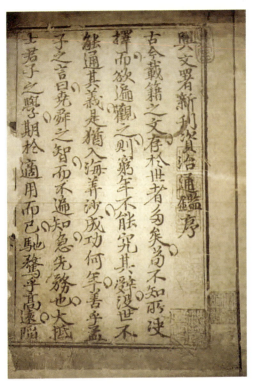

元刻明前期印本胡注《通鉴》卷首王磐序文
（北京大学图书馆存傅增湘旧藏本）

"明前期修补重印时,误增入王磐《兴文署新刊资治通鉴序》,旋即撤去"。这种说法,只是改吴哲夫的蓄意赝造为无意误增,然而这仍然可以说是一种"无端"的衍增,对这篇序文进入胡注《通鉴》书中的时间和实质性过程的认识,较诸吴说,并没有什么改变。

在我看来,这意味着在这个问题上《序言》的作者或许未能独立地通盘考虑全面的情况,而是更多地受到了吴氏成说先入为主的影响。但如同我在《所谓兴文署本胡注〈通鉴〉的真相及其他》一文中所批驳的那样,吴哲夫的研究,存在着诸多严重的问题,从史料的依据,到论证的方法、思维的路径等各个方面,都差误多多。在这种情况下,分析王磐序文的来源,就不宜再受吴氏的影响和羁绊。

前此我在《所谓兴文署本胡注〈通鉴〉的真相及其他》一文中所做的推论,以为胡注《通鉴》只是在明前期印本上带有这篇序文而明中期以后印本再未看到此序,应是版片进入明南监后遭到损毁所致,而上海图书馆所藏元代最初印本也阙载此序,是因为当时胡注《通鉴》全书雕版初竣,还没顾上刻入这篇序文,过了一小段时间之后,它才被添刻到书中。就古代版刻中序文这类附件的一般刊刻和存在状况而言,这样的解释,我现在仍然觉得要比后人无端添入之说更为合理,也更易取信于人。

不过在把国家图书馆出版社影印的这部元刻初印本胡注《通鉴》大略翻检一过之后,对这个问题,我又有了新的看法。

下面，就在这里谈谈我的新认识，和感兴趣的朋友交流。

我们先来看看，在明朝初年的南京国子监，那些主管其事的官员有没有必要和有没有可能会去找一篇元朝人王磐写的序来，把它增刻到胡三省《通鉴注》的前面。

按照我对明朝南北两监刻书状况非常有限的了解，一般来说，明朝南京国子监刻书，在版刻的文字内容方面并不随意乱来。其做事"任性"之处，在整个明朝前中期，就是搬出来监中征集或者更准确地说是由朝廷调配来的各种书版，稀里糊涂地刷书印书。要是遇到版面泐损或是漫漶过于严重的地方，就随便对付着补修一下接着印。

叶德辉《书林清话》列有"明南监罚款修板之谬"一个专条，讲述其正史书版"本合宋监及元各路儒学板凑合而成，年久漫漶，则罚诸生补修，以至草率不堪，并脱叶相连亦不知其误"的情况。叶德辉还具体描述其草率情状说："南监板片皆有旧本可仿，使其如式影写，虽补板亦自可贵。乃一任其板式凌杂，字体时方时圆，兼之刻成不复细勘，致令讹谬百出。"此等情形，以至令叶氏感叹云"不知当时祭酒、司业诸人，亦何尸位素餐，至于此也"[1]。

"尸位素餐"这一评价煞是到位，也很贴切。南京国子监中这些祭酒、司业的基本工作状态，就是闭着眼睛混事儿（因

---

[1] 叶德辉《书林清话》（民国丁巳叶氏观古堂刻本）卷七"明南监罚款修板之谬"条，页10b—11a。

为反正是个闲差,怎么干也都那么回事儿),让干活儿的工匠把书版拉出来印就可以。在这种情况下,这些饱食终日无所事事的官员,又怎么会如此多事儿,没事找事儿非特意去给胡注《通鉴》新刻一篇它本来没有的序文?在我看来,这种事情是不可思议的,也是根本不会发生的。

那么让我们退一步看,姑且假设一下,在这种大环境下,竟然真的有这么一个好事儿的国子监官员,在主持刷印胡三省注《资治通鉴》的时候,偶发奇想,非给它配上一篇序文不可,那他也得看看,找来的东西是不是同原书相配。

我在《所谓兴文署本胡注〈通鉴〉的真相及其他》里已经做过很详细的分析,王磐这篇序文,是给元朝兴文署拟议刊刻的司马光《资治通鉴》撰写的稿子,王磐在文中清清楚楚地写明了元朝朝廷所要刊刻的只是司马文正公的"《资治通鉴》二百九十四卷",根本没有提到有个叫胡三省的给这部书做过注释(事实上当时胡三省也根本没有完成他的注本)。在这种情况下,这位明南京国子监的官员为什么非要给原有的书版配上这么一篇莫名其妙的序文?

须知明南京国子监内祭酒、司业之类的官员虽然尸位素餐做事儿一意敷衍,但智力和学识并没有低到这种程度,其毛病只是偷懒放赖不好好干活儿,而不是胡干乱干折腾事儿。

所谓"明人刻书而书亡",也就是刻书印书时胡干乱干,改变了古书的本来样貌,就像把书刻没了一样,这在民,是书坊商贾为赚钱养家活命搞的邪门歪道;在官,该负最主要责任的，乃是北京国子监的官员。

南监本书大体上还中规中矩不胡乱改动原书面目。毕竟南京国子监地处文化渊薮，这么乱来是要被明眼人笑话的，不像北京国子监，官员们最喜欢的就是攀比当官儿，不拿学问当正事儿办，所以北监本刻书就撒开欢儿随便瞎折腾，把千百年来流传下来的古书，弄得面目全非。像我谈论过的西晋陈寿历史名著《国志》的书名（它不叫《三国志》）、北宋名臣欧阳修的人名（他不叫欧阳修），其舛谬讹误的形成，就都与明北京国子监的刻书具有直接关系。[1]

这样分析下来，我得出的看法就是：不管是从《兴文署新刊资治通鉴序》的内容上看，还是根据明前期的一般社会状况来做推论，明南京国子监的官员都不可能把这篇王磐的序文"误增入"胡注《通鉴》之首。这样我也就更坚定了原来的看法，即王磐的序文是元台州路儒学的学官在刊刻胡注《通鉴》时添附到书中的，用以体现本朝对刻印《通鉴》这部书的重视，这也显示他们刻印此书不仅是在表彰乡邦文献，也是在贯彻朝廷的旨意。

在通篇翻检国家图书馆出版社影印的元刻初印本胡注《通

---

[1] 别详拙文《陈寿〈三国志〉本名〈国志〉说》，见拙著《祭獭食跖》（北京，中华书局，2016），页1—58。关于欧阳修的名字，则别详拙著《那些书和那些人》（杭州，浙江大学出版社，2016）中《哪儿来一个欧阳修》《欧阳修的文集哪里去了？》《明人刻书，人亦亡之》诸篇，页104—114、128—152。

鉴》之后，对这旧有看法的唯一调整，是先此我认为在上海图书馆收藏的这部元刻初印本上没有看到王磐的序文，是因为这个本子属最初试印的样本，当时还没有刻成并且印入此序。现在，我认为这种可能性仍然很大，但更有可能的是这个印本本来已带有王磐的序文，现在我们没有看到，是因为它在后来的流传过程中亡佚了。

从傅增湘旧藏明前期印本（今藏北京大学图书馆）和清嘉庆丙子胡克家仿元刻本的情况来看，这篇序文是被列在全书的最前面，开卷展读，看到的就是王磐的序。了解一点儿古书保存和流传状况的人都明白，这一头一尾两个边儿，不管是印成的书本，还是印书用的书版，都最容易受损以至毁失。明中期以后的南监印本胡注《通鉴》不再带有王磐的序文，我推测就是由于书版损毁，无法再用，而"尸位素餐"的南京国子监的官员也没人去管它，少了版，就不印这序。

同理，印好的书，其篇首篇末的书页也最容易遭受损毁。小朋友看的书，往往缺头少尾，就是最好的事例。其实早期所谓"正史"，本来都像《史记·太史公自序》和《汉书·叙传》一样带有这种自序性质的内容，如范晔《后汉书》和唐官修《晋书》都称作"叙例"，陈寿《国志》名为"叙录"，但在后来的流传过程中都失传了。这些内容的失传，就与其位在全书之末具有直接关系。

我推测，上海图书馆藏元刻初印本胡注《通鉴》，其卷首本来印有王磐的序文，只是后来遭到了毁损，这在很大程度上,是由于在翻检国家图书馆出版社影印本过程中注意到,在这部胡注《通鉴》的篇末,还佚失了宋人进呈、刊刻《资治通鉴》的公牍和校勘官员衔名等附件。

具体地说,这些内容包括:1. 按照时代划分所标记的《资治通鉴》各个部分的卷数,如"周纪五,秦纪三,汉纪六十"等等。2. 司马光进呈此书的表文。3. 朝廷的"奖谕诏书"。4. 元祐元年朝廷镂版牒文。5. 绍兴三年两浙东路茶盐司进书呈文。6. 绍兴府校勘官员衔名(因为是由绍兴府来实施该书的刻书事宜)。

这几部分内容,其中的第1项,本来是《通鉴》本身的内容,相当于原书的"目次"(它对我们研究中国古代著述中"目次"的起源和发展,是具有重要价值的),与其他几项附件性质不同;第2—4项,本来是元祐元年至七年国子监原刻本篇末的附件;第5、6两项,是绍兴二年至三年两浙东路茶盐司刻本篇末的附件。不过两浙东路茶盐司绍兴刻本应是依照元祐国子监本翻刻,故一并附刻了上述第1—4项内容。

现在我们看到的情况是,元祐元年至七年的国子监原刻本早已佚失不传,绍兴二年至三年的两浙东路茶盐司刻本仅国家图书馆藏有一部全本,现在外间可以看到《中华再造善本》丛书的影印本。在这个刻本里,第1项被错置到了全书篇首的御制序文之后、司马光书正文之前,但版心页码可证它本来应是列在全书篇末,是排在附刻的司马光进书表文之前,如上文所述。

国家图书馆收藏的这部两浙东路茶盐司刻本保存状况甚

好,版面上看不到破损的痕迹,可是却阙失本来应该附刻在它篇末的上述第2—6项内容。若不考虑此本的特殊情况,这当然也有可能是缘于自然的毁损,但这个本子曾入藏清宫,被大清君臣视作"未注初刻"之本,也就是元祐年间的国子监原刻本。[1]这就不能不让我怀疑是有心人特意撤掉两浙东路茶盐司的刻书呈文以及绍兴府校勘官员的衔名,因为只有这样才能伪充北宋刻本以蒙骗清朝君臣。不过这两项内容都被《四部丛刊初编》影印的建本《资治通鉴》附载于篇末。换句话说,在《四部丛刊初编》影印建本《资治通鉴》的篇末,按照我在上面讲述的顺序,一一载录了上述第1—6项内容。

然而,我们在国家图书馆出版社影印的上海图书馆藏元刻初印本胡注《通鉴》上却没有看到这些内容,就连本来属于《通鉴》本身构成部分的第1项也没有。

为什么呢?是胡三省给《通鉴》做注时剔除了这些内容吗?可我们在这个元版后来的印本上却看到了这些内容。现在普通学人最容易看到的,是清嘉庆胡克家仿元刻本(浙江传古楼马上就会把这个刻本影印出来)。胡氏仿元刻本上的这些内容,应是出自它所依据的元刻底本,而不会是胡克家随意增入的内容。看一看胡克家在刻书后跋中所说其底本"卷首有王磐一序"的情况[2],就会更容易理解他在仿刻此书时是不会随意增

---

[1] 清彭元瑞等《天禄琳琅书目后编》(上海,上海古籍出版社,2007)卷四"资治通鉴"条,页460。
[2] 见清嘉庆丙子胡克家仿元刻本胡注《通鉴》卷末胡克家跋文,页1b。

绍兴二年七月初一日两浙东路提举茶盐司公使库
下绍兴府馀姚县刊板绍兴三年十二月二十日毕工
印造
進入

左迪功郎绍兴府司法参军主管本司文籍造帐官 臣 边 智
右迪功郎充提举茶盐司幹办公事 臣 常 任侠
右文林郎充提举茶盐司幹办公事 臣 强 公徹
右修职郎充提举茶盐司幹办公事 臣 石 公憲
右奉议郎提举两浙东路茶盐司公事 臣 韓 肪
隆授右朝奉郎前提举两浙东路茶盐司公事 臣 王 然

《四部丛刊初编》影印建本《资治通鉴》附镌
绍兴三年（1133）两浙东路茶盐司进书呈文

入其底本没有的内容的。这毋须到官家图书馆严锁秘扃的书库里去看，随便检视一眼熊罗宿《胡刻资治通鉴校字记》提到的情况[1]，就可以一清二楚。

我们再看看上海图书馆藏元刻初印本《资治通鉴》最末一篇版面的情况，就会更容易理解这个本子确实是佚失了上面所说的那6项内容——这最末一个版面刻得满满的，一个空行都没有。这种情况可以清楚地告诉我们，后面那些页面是一整页一整页地脱落不存了。

我想，了解到这个本子佚失书末这些附件的情况，就有充足的理由推论，其卷首的王磐序文同样也很可能是这样脱佚的，而且这种可能性还很大——这就是我对这部元刻初印本胡注《通鉴》王磐序文阙失原因的看法。多看过一些古书的人都很容易明白，类似的情况，在古刻旧本中是大量存在的，这太平常了。很多历史问题都是这样，本来很简单，很平常，可往往会被心思太重的学者搞得相当复杂。

在此需要说明的是，上海图书馆收藏的这部元刻初印本胡注《通鉴》，虽然是目前所知最好的一部印本，但它阙失王磐的序文和上述那几项附件，这也是一个显著的缺陷（那些附件的阙失还会妨碍我们认识胡三省注本的底本），即这个刻本并不完满。

谈到这部元刻初印本胡注《通鉴》的缺陷，还有一个情况，需要予以适当说明，这就是最初刻印的胡注《资治通鉴》，其文

---

[1] 熊罗宿《胡刻资治通鉴校字记》（民国己未刻本）卷四，页21a。

臣光言先奉

勅編集歷代君臣事迹又奉

聖旨賜名資治通鑑今已了畢者伏念臣性識愚魯學術荒踈凡百事為皆出人下獨於前史粗嘗盡心自幼至老嗜之不厭每患遷固以來文字繁多自布衣之士讀之不徧況於

人主日有萬機何暇周覽臣常不自揆欲刪削冗長舉撮機要專取關國家盛衰繫生民休戚善可為法惡可為戒者為編年一書使先後有倫精粗不雜私家力薄無由可成伏遇

清嘉庆丙子（1816）胡克家仿元刻本胡注《通鉴》
卷末附镌司马光进书表

字存在相当严重的问题。这不是初印本不好，而是台州路儒学在付梓上版时工作做得相当粗糙，其中最为突出的问题，是漏掉了很多《资治通鉴》的文字。以章钰《胡刻通鉴正文校宋记述略》指出的问题与此元刻初印本胡注《通鉴》相比照，再看看这部元刻初印本附镌的胡三省工作注记，知悉其认真态度，就可以看出，这些阙漏是不可能出自胡三省所依据的底本的，只能是在写录上版和校勘文字时草率疏忽所致。当年顾广圻称此本因非胡三省亲所督刊，"故于正文有未审温公之指而错者，于注有未识梅磵之意而舛者"[1]，现在审看这部元刻初印本，知舛错的情况比顾广圻所说的还要严重很多。凝聚胡三省数十年心血的《通鉴注》书稿在其家乡得以刻印流传，固然是一大幸事，可当地儒学的官员把书刻得这么粗率，也是一个很大的遗憾。

最后附带指出，这部元刻初印本胡注《通鉴》，在其《通鉴释文辩误》部分，把胡三省的跋文，列在了《通鉴释文辩误》的篇首，这显然是一个装订的错误，胡克家仿元刻本就不是这样排列的。因为审看这篇文字的内容和它低于正文三格的刊刻形式，都可以很清楚地看出，它只能是一篇后跋而不会是前序，理应列在《通鉴释文辩误》的篇末。

2020 年 7 月 3 日记

---

[1] 清顾广圻《思适斋集》（清道光年己酉徐渭仁原刻本）卷一一《通鉴刊误补正序》，页 5b—6b。

元印本胡注《通鉴》的纸张与它的刊刻地点

胡三省注《资治通鉴》，原刻本刊行于元成宗大德后期至泰定帝致和年间，但元朝刷印的书籍，流传至今的全本却只有上海图书馆收藏的一部孤帙。虽然书中个别页面早有影像流布于外间，但观看图片识别版本，有一项重大缺陷，非看原书则无以弥补——这就是看不到印书使用的纸张。

业师黄永年先生，把鉴别古籍版本最主要的要素，归纳为字体、版式和纸张三项，而这三项要素的重要性是依次降低的。相对来说，纸张的作用最小。

但这只是一般性的规律，有时一些地域性比较强的特殊纸张，还是可以起到很重要的作用，而且纸张的特点比较直观，看一眼就可以辨识，不用多事斟酌。譬如福建建阳书坊在宋元时期就惯用一种当地出产的"麻沙纸"来印书。久历时日，这种纸张色泽枯黄甚至已呈暗黑，非常容易辨认，因而可以作为建阳书坊刻印书籍的一项突出标识。

元刻本胡注《通鉴》的字体，是非常典型的建阳书坊惯用的颜体字，因此很容易被认作福建刻本，甚至会被直接坐实为建阳书坊的产品，但前此我撰写《所谓兴文署本胡注〈通鉴〉的真相及其他——写在胡刻〈通鉴〉影印出版的时候》这篇文稿，却推定它应该是台州路儒学的官刻本。

这样的结论，一方面有明朝人对书版所在地的直接记载做依据，另一方面，更重要的是还有元朝地方儒学盛行刻书这一时代背景做参考。我当然觉得自己的推论是合理的，也与相关史事相吻合。可我觉得是这么回事儿，并不等于别人也能认可是这么回事儿。所以只要有可能，还是要努力再多考虑一些因素，多增加一些考察的角度，以增强认识的客观性，排除认识的主观偏差。

一般来说，这书要是雕印于福建地区，使用"麻沙纸"的可能性就大为提高；若是建阳书坊所刻，除非有非常特殊的情况，几乎必用"麻沙纸"无疑。

遗憾的是，现在像元刻本胡注《通鉴》这样的宋元古本，都是被视作宝物由官家公藏，寻常书生，没有什么特别的关系，是很难一睹真容的。这事儿虽然很简单，看一眼就行，可这一眼就真的不大容易看。

我这个人为人处世，既憨且笨，最不善于和人搞关系。因为不善于做，也就更加不乐于做。所以从读研究生时就打定主意：不到万不得已，绝不求人到博物馆、图书馆之类的收藏单位去查看那些人家秘不示人的宝贝。

关于元刻本胡注《通鉴》，我是偶然遇到一个很好的机会，得以一看究竟。这就是在写好《所谓兴文署本胡注〈通鉴〉的真相及其他》这篇文稿后，偶然在中国书店编著的《中国书店藏珍贵古籍图录》（中国书店，2012）上看到了其书店存有元代的印本。那怎么就有了这么好的机会了呢？因为在多年的买书过程中，中国书店颇有一些朋友看我这么傻乎乎地痴迷于古旧书籍，很是同情，因而也很愿意为我买书读书提供一些帮助。

今天，就是得到海淀分店的经理薛胜祥先生帮助，请中

中国书店藏元刻元印本胡注《通鉴》
（据于华刚主编《中国书店藏珍贵古籍图录》）

在中国书店看元刻元印本胡注《通鉴》
（从右向左：张东晓书记、本人、薛胜祥经理、张晓东总经理）

国书店总店的党委书记张东晓和总经理张晓东两位先生费心安排，我到店里看到了这个印本，从而在很大程度上进一步印证了我的上述判断。

中国书店收藏的这部胡注的《通鉴》，是一个残本，仅有卷八八和卷八九两卷，而且这两卷还颇有缺页，但字迹清晰，墨色鲜明，自属元时初印无疑。研究版本，并不需要逐页逐字地察看，所谓窥一斑而知全豹，有时看一页就行。稍展开书一看，我就大为欣喜——这部书是用"黄麻纸"印的。

所谓"黄麻纸",是建阳书坊刻印的书籍以外其他大多数地区所谓"元浙本"常用的印书纸张。这意味着若是按照我的看法,把这部书的刻印地点定在台州,这种"黄麻纸"就与其正相吻合。因而这可以说为我的观点提供了一项重要的佐证。古籍版本的研究,有时就这么简单。

感谢张东晓书记和张晓东总经理,感谢薛胜祥经理,感谢他们给予我的帮助。

2020 年 5 月 13 日晚记

胡刻胡注《通鉴》的补刻本

元人胡三省注《资治通鉴》，详赡深邃，对人们阅读、利用司马光这部编年体史书，帮助良多。其书在胡氏身后，始由家乡的台州路儒学为之刊刻行世（我另有《所谓兴文署本胡注〈通鉴〉的真相及其他》一文，具体阐释此元刻胡注《通鉴》的版本问题）。明朝初年，台州路儒学的书版，被征入国子监（也就是永乐帝以后的南京国子监），又陆续刷印。今存世版本，元代所印者极鲜，且多属零篇残卷，全本则多出自朱明南监。至万历和天启年间，此书又分别在吴勉学和陈仁锡主持下刻印过两次。清代中期以前，明南监本已成罕见珍本，人们读到的胡注《通鉴》，多是吴、陈二本。

如同稍习中国古代版刻史者所知悉的那样，明末刻书，总体质量不是很高，所谓"明人刻书而书亡"，主要指的就是万历年间以后刊刻的书籍。在这一点上，吴勉学和陈仁锡两人刊刻的胡注《通鉴》，可以说均未能免俗。

进入清代，随着考据学的日趋兴盛，学者们迫切需要打破吴、陈二本的限制，去阅读和利用更接近胡三省书原始面貌的版本。于是，江苏布政使江西鄱阳人胡克家，便利用他得到的一部元刻本作为底本，仿照原书样式，重新刻印此书。

胡克家这次仿刻此书，延聘古今第一校勘高手顾千里（广圻）以及博学士人彭兆荪司职文字校勘，具体的雕版事宜，则交付当时堪称天下一品的南京刘文奎兄弟开设的书坊。雕版事竣之际，胡克家已擢任江苏巡抚，书版被他移至江苏巡抚驻地苏州刷印。此书书版刻成于嘉庆二十一年（1816），故后人或

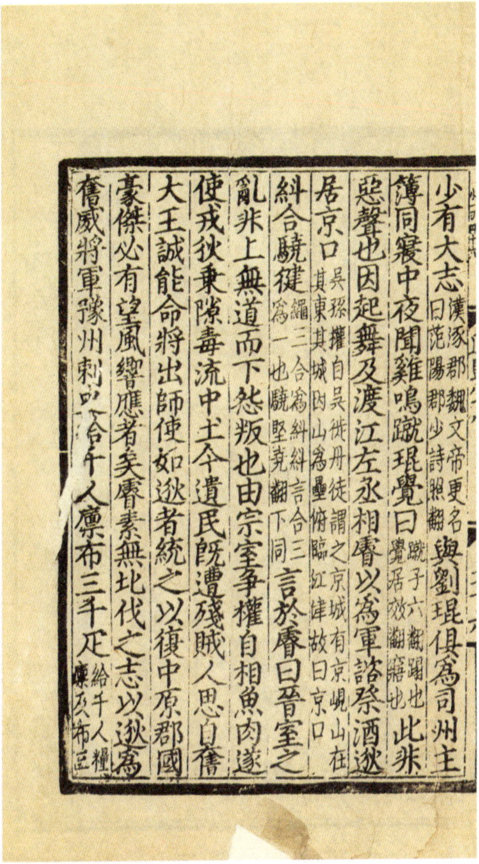

元刻元印本胡注《通鉴》
（据于华刚主编《中国书店藏珍贵古籍图录》）

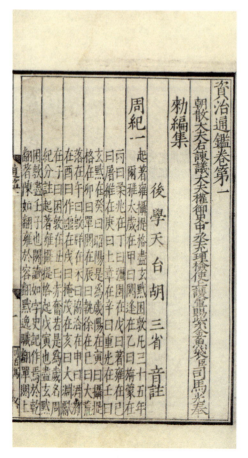

元刻明弘治、正德、嘉靖递修本胡注《通鉴》
（据陆行素主编《天津图书馆古籍善本图录·定级图录》）

称嘉庆二十一年刻本,或以纪年干支称其为嘉庆丙子刻本。

这样刻印的书籍,不管是文字内容的质量,还是版刻艺术的外在形式,都达到了一个时代的高峰。因而自从其刷印流通以来,迄至今日,一直备受学术界重视,用清末学者莫友芝的话来讲,便是"剧为当世所珍"[1]。现今通行的中华书局点校本《资治通鉴》,就是以此胡刻本作为点校的底本。

然而天下好事,总是难以万全。令人遗憾的是,此书刻成未久,嘉庆二十二年(1817)九月,胡克家即卒于江苏巡抚任上。[2]观胡氏在书版刻成时所书《重刊元本资治通鉴后序》,题署的时间,为"嘉庆二十一年四月上旬",可知在胡克家生前,此本的刷印时间,只有一年零五个月。在这么短的时间内,其印行于世的数量,应当不会很多。

由于胡克家刊刻此书并未动用公帑,完全是由他个人设法筹集资金刊行,属于家刻书籍而不是官刻,所以我们在它的内封面背后可以看到"鄱阳胡氏藏版"的牌记。这样,在胡克家去世之后,他的家人便将书版带回江西鄱阳家中。

这套书版在江西仍有刷印,如钱泰吉即谓"余从父抚江右时,摹印十余部,余得藏焉"[3]。但我们看他"余得藏焉"这种说法,就能清楚地感觉到其幸运的心情,可谓已是"喜不自

---

[1] 清莫友芝《邵亭遗文》(北京,人民文学出版社,2009,《莫友芝诗文集》本)卷三《资治通鉴后识》,页589—590。
[2] 清王先谦《东华续录》(清光绪十年长沙王氏刊本)卷四四,页6a。
[3] 清钱泰吉《曝书杂记》(沈阳,辽宁教育出版社,1998)卷上,页13。

新註資治通鑑序

古者國各有史以紀年書事晉乘楚檮杌雖不可復見春秋經聖人筆削周轍既東二百四十二年事昭如日星秦滅諸侯燔天下書以國各有史刺譏其先疾之尤甚詩書所以復見者諸儒能藏之屋壁諸國史記各藏諸其國國滅而史從之至漢時獨有秦記太史公因春秋以為十二諸侯年表因秦記以為六國年表三代則為世表當其時黃帝以來諜記猶存其有年數子長稽其歷譜諜終始五德之傳咸與古文牟異且謂孔子序書略無年月雖頗有然多闕夫

寒斋藏清嘉庆原刻本胡克家仿元刻本胡注《通鉴》卷首胡三省序

禁"。须知钱泰吉的从父乃身膺江西巡抚，是当地最高父母官，胡家自然会给他提供特别的照顾，若是寻常文人学士，恐怕是没有这样的机会的。尽管如此，钱泰吉也还是讲道："印于苏州者极精，江西印者稍逊矣。"[1]可见这种江西后印本的印制质量已明显不如苏州初印之本。

更能体现胡克家刻本印行数量相当寡少的一项标志性事件，是早在道光年间湖南就有人重新翻刻这个版本。不过世人谓其书质量"甚恶，讹误满纸"[2]，根本起不到替代胡刻本的作用。

莫友芝在同治年间记述胡克家所刻书版在江西鄱阳的刷印状况以及士人寻求这一版本的困难情形说：

> 道光壬午后不复印行。东南乱定，行本益消落。好学致用之士，益务此书，率频岁求不遇；遇又征数倍囊直，纵有力充架者，往往而然。[3]

这里所说"壬午"之年为道光二年（1822），而从这部书版运归江西鄱阳到这时也只有短短五年，满打满算，也不会有多少印本流布于世，难怪莫友芝会有频岁求而不遇的感叹。

---

[1] 清钱泰吉《曝书杂记》卷上，页13。
[2] 傅增湘《藏园订补邵亭知见传本书目》（北京，中华书局，1993）卷四，页57。
[3] 清莫友芝《邵亭遗文》卷三《资治通鉴后识》，页590。

正是鉴于各地读书人求之不得这种窘迫状况，在所谓同治中兴时期，江苏巡抚丁日昌便在属下的江苏书局重新雕印此书，而主持其校勘工作的学者，就是前面提到的莫友芝。

由于太平天国战乱对江南地区毁坏严重，书局中人估计胡刻书版当已毁失不存，所以最初是想重新依照原样来翻刻胡克家刻本。不知出于什么原因，这次翻刻，竟不是从头做起，而是从全书最后一卷开始，倒着向前刊刻。

动工镌刻一部分书版之后，莫友芝到金陵城里去办事，适有"方县令浚益、何太守栻、桂观察嵩庆，一日之间先后来告曰：'鄱阳《通鉴》板犹八九在，曷致诸苏局补缀以行，必事半功倍。'"莫友芝得讯，马上禀报丁日昌。丁日昌派人去打探的结果，是这部胡刻《通鉴》的书版"其后三之一，道光乙未（德勇案：即道光十五年）前楼火，并《文选》板烬焉，前之太半在后楼"，尚且保存完好，而胡家后人正有出售残版之意。[1]

这样，江苏书局就花费"千数百金"购下残存的书版。莫友芝称当书版运至苏州之际，"局刻适完所阙卷"，二者"泯然相接凑"。这样，就犹如鬼使神差般使新旧两版珠联璧合，凑成了一部全书。不过胡家所存书版，已颇有泐损漫漶之处，莫友芝又"更一月以校讹补脱易漫"，始克毕功。[2]

---

[1] 清莫友芝《邵亭遗文》卷三《资治通鉴后识》，页590。杜文澜《憩园词话》（福建师范大学图书馆藏徐乃昌旧藏清抄本）卷五，页31a—31b。

[2] 清莫友芝《邵亭遗文》卷三《资治通鉴后识》，页590。杜文澜《憩园词话》卷五，页31a—31b。

用莫友芝的话来讲,这部胡注《通鉴》,是篇幅长达万叶的巨编,可整个重刻和修补胡克家旧版的工作,从同治五年初夏到这一年年底,前后仅花费将近九个月时间。这当然主要是由于大半利用胡克家的旧版,才能如此省工省时(据傅增湘《藏园订补郘亭知见传本书目》记述,江苏书局买到胡家书版的时间,是在这一年的十月[1])。操持其事的莫友芝不禁感叹:"逮经始考工,更安知何阙漏而豫弥缝?而率然巧合如此!天之趣成人事,恒若待其时而一兴,何也?"[2]

莫友芝把这段版刻佳话看成是天作之合,从更广泛的意义上来看,也确有他的道理。这就是像这样用旧版、新版前后拼合成书的情况,在中国古代版刻史上为数实在相当鲜少。我写这篇短文向古籍爱好者介绍相关情况,也主要出于这一原因。

按照莫友芝粗略的说法,这拼合而成的一套书版,是胡克家旧版占前三分之二,江苏书局新版则占后三分之一,而傅增湘则更具体地指出其书胡刻原版"实存前二百有七卷"[3]。今检核江苏书局补刻本,可见第二百零七卷的旧版仅存前十四页,自第十五页起,即为同治年间新镌的书版。

嘉庆原版和同治补刻的新版这前后两种版片,在版刻形式上的差别,是相当明显的。

首先是版刻字体之优劣,高下立见;至少对稍知清中期仿

---

[1] 据傅增湘《藏园订补郘亭知见传本书目》卷四,页57。
[2] 清莫友芝《郘亭遗文》卷三《资治通鉴后识》,页590。
[3] 傅增湘《藏园订补郘亭知见传本书目》卷四,页57。

上海图书馆莫友芝旧藏同治补版印本胡刻《通鉴》新旧两版衔接处
（右侧页面为嘉庆旧版，左侧页面为同治新版）

刻古本情况的人来说，其间的区别是一目了然的。

当年胡克家刊刻此书，其身份起初为江苏布政使，竣工时则身为江苏巡抚（中间尚有一段任职安徽巡抚的经历），而不管是做江苏布政使，还是做江苏巡抚，其治所驻地都是在苏州。就其个人的便利而言，显然应该在苏州校刻此书更为便捷，可这书偏偏不是刊刻于苏州而却刻在金陵城里。

个中原因，我认为是为了便于利用金陵城里的刘文奎书坊。胡克家刻印这部胡注《通鉴》，采用的是当时盛行的仿古形式，即依照宋元古本的行款版式来翻刻其书，而清中期雕镌这种仿刻古本技艺最佳同时也是声望最高的一个商家，乃是刘文奎、刘文楷和刘文模兄弟在金陵城中开设的书坊。展读胡克家原刻本，在其卷首的王磐序文页末、卷尾胡克家《重刊元本资治通鉴后序》之末和《通鉴》后面附刊的《通鉴释文辩误》卷尾页末，都镌有"金陵刘文奎弟文楷/文模镌"注记，这就大体相当于这家书坊的"牌记"。

当胡克家着手刊刻这部胡注《通鉴》的时候，著名学者孙星衍正寓居金陵城中；同时，被胡氏聘请来为他校勘此书的顾广圻，也住在孙星衍的家里，在为孙氏校勘其他一些古籍。顾广圻曾自述当时的工作状况：

> 予自辛未冬洎甲戌秋，在孙渊如（德勇案：孙星衍字渊如）观察冶城山馆者几及三年，为渊翁校刊《续古文苑》《华阳国志》《抱朴子内篇》《古文尚书考异》《绍熙云

闲志》等书，兼为鄱阳胡中丞重翻元椠《通鉴注》[1]。

除了明人梅鷟的《古文尚书考异》之外，顾广圻帮助孙星衍校订的这些书籍都是仿古刻本，而且也都是交由刘文奎书坊为之雕版。孙星衍本是江苏阳湖人，我想，他在这一时期寓居金陵，也同就近利用刘文奎书坊具有相当程度的关系。

在这里讲述胡克家刊刻胡注《通鉴》的这些背景，是想说明刘文奎书坊的刻书技艺在清中期独步天下，其工艺水平是其他普通刻工很难达到的。遗憾的是，兴盛一时的刘文奎书坊，在经历了太平天国的战祸之后，就再也没有任何声息了。到同治年间江苏书局重刻此书的时候，即使丁日昌、莫友芝等人想用他们的刻工也已经无人可用。所以江苏书局补刻胡注《通鉴》的版片，无论如何也是无法与嘉庆旧版媲美的，这里面不仅是补刻书版通常都不如原版精致美观的问题，还有特殊的时代背景。

除了刻书字体，同治年间新补刻的版片同旧版还有更明显的差异。

胡克家在嘉庆年间刊刻的书版，由于采用仿古形式，其版面形式，一如所依据的元刻底本，不增添任何新的文字。这部元刻底本，是台州路儒学的官刻本，因而依循当时的通例，在

---

[1] 清顾广圻《思适斋集》（清道光年己酉徐渭仁原刻本）卷一一《广复古编序》，页4a。

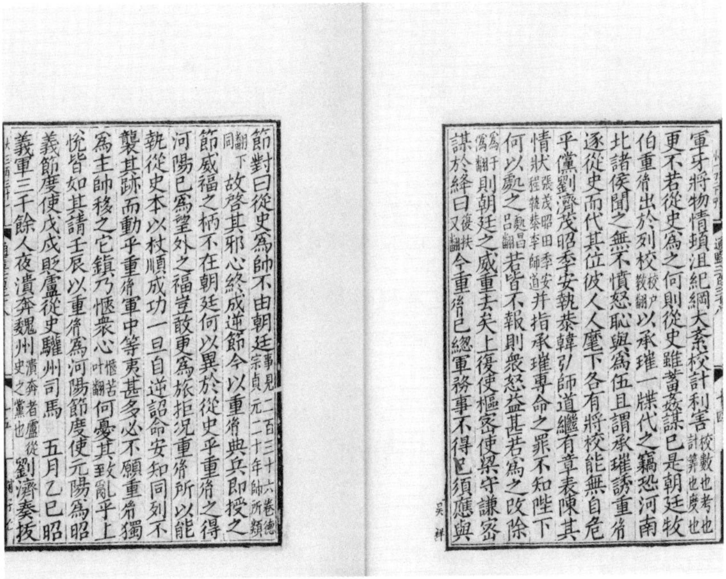
軍牙將物情頓沮紀綱大紊校計利害（校數也考也計筭也度也）更不若從史爲之何則從史雖蓄姦謀已是朝廷牧伯重胤出於列校（校戶教翻）以承璀一牒代之竊恐河南北諸侯聞之無不憤怒恥與爲伍且謂承璀誘重胤逐從史而代其位彼人人麾下各有將校能無自危乎黨劉濟茂昭季安執恭韓弘師道繼有章表陳其情狀（張茂昭田季安程執恭李師道）并指承璀專命之罪不知陛下何以處之（處昌呂翻）若皆不報則衆怒益甚若爲之改除（爲于僞翻）則朝廷之威重去矣上復使樞密使梁守謙密謀於絳曰（復扶又翻）今重胤已總軍務事不得已須應與

吳祥

節對曰從史爲帥不由朝廷（事見二百三十六卷德宗貞元二十年帥所類翻下同）故啓其邪心終成逆節今以重胤典兵即授之節威福之柄不在朝廷何以異於從史乎重胤之得河陽已爲望外之福豈敢更爲旅拒況重胤所以能執從史本以杖順成功一旦自逆詔命安知同列不襲其跡而動乎重胤軍中等夷甚多必不願重胤獨爲主帥移之它鎮乃愜衆心（愜苦叶翻）何憂其致亂乎上悅皆如其請壬辰以重胤爲河陽節度使元陽爲昭義節度使戊戌貶盧從史驩州司馬　五月乙巳昭義軍三千餘人夜潰奔魏州（潰奔者盧從史之黨也）劉濟奏拔

同治补刻版片在版框左下角外镌记的刻工姓名
（据上海图书馆莫友芝旧藏本）

书口下方刻上了刻工的姓名。胡克家仿刻此书时，完全依照原样，一一刻出了这些刻工的名字。同治年间江苏书局再行重刻胡刻本的时候，一方面保留了胡刻本上的这些元朝刻工的姓名，同时在版框左下角外，还镌记了当时重刻这些书版的刻工姓名。

这样，在同治补版印本上，翻看前面的嘉庆原版，就只在版心下方镌有元朝的刻工，而翻到第二百零七卷第十五页，就既有元朝刻工姓名，又有版框左下角外的清朝刻工姓名。根据这样的刻工注记，只要前后贯通，略一翻检全书，即使你完全看不明白版刻的字体，也是很容易分辨哪些是原版，哪些是补版。古籍版本很多基本的内容，本来就是这么简单。

不过深入追究，在这些表象背后，也还有它形成的机制，而阐释这样的机制，才是古籍版本学深处的内涵。

探究这一问题，须知在每一片书版上都镌记清楚刻工的姓名，是一件费工费时很麻烦的事儿（想一想刻一方名章刻字师傅怎么跟你要钱，就会更容易理解多刻一个字还意味着什么），要是没有特别的需要，刻工自己是不会为了"青史留名"而干这种事的。

按照黄永年先生在《古籍版本学》中的解释，刻上这些刻工姓名，是为了雇主同刻工结算工钱[1]（结算工钱当然要以其制品达到质量标准为前提，而这自然会溯及"物勒工名，以考其

---

[1] 黄永年《古籍版本学》（南京，江苏教育出版社，2009），页70。

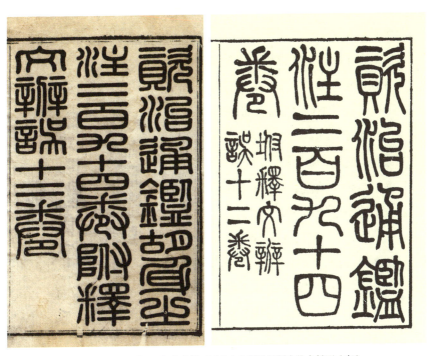

嘉庆原版胡刻《通鉴》的内封面（左）与同治补刻本的内封面（右）

诚"的传统）。但至少就宋元时期的情况来看，官刻本和家刻本是有刻工，而书坊雕镌的坊刻本却不带刻工姓名。这里的道理，很容易推想：刻书的作坊内部，另有一套付酬的方式和管理的制度。

到了明清时期以后，情况或许比宋元两朝会复杂一些，这还有待进一步深入研究，但仅就这部胡刻《通鉴》的情况而言，大致还是可以依此类推的。

在胡克家的嘉庆原版上，如前所述，其书前书后都镌有"金陵刘文奎弟文楷／文模镌"注记，这意味着这部书的雕版事宜是整体承包给刘文奎书坊的，在镌梓工序的管理方面，实质上等同于坊刻书籍（这么大一部书，当然不会都是由刘氏三兄弟自己动手雕版的，他们需要动用书坊里很多刻工），所以我在前面说这一注记大体上相当于这家书坊的"牌记"。因此，也就无须像大多数家刻本那样逐版镌记刻工姓名。

同治时期江苏书局重刻此书，采用的显然不是胡克家这套办法，即完全由官家逐一监管刻书的整个流程，只是从书坊雇用刻工来雕版镌字而已。这样，就需要逐版镌记刻工的姓名。于是，我们就看到了元代业已作古了的刻工与清代的活人同台操作的奇异景象。

同治补版同嘉庆原版在版刻形式上的重要区别还有：（1）同治补版重刻了此书内封面。重刻的内封面，不仅文字内容与原版已有差异，而且其字体和布局形式也做了明显调整，乃将原版中的"资治通鉴胡身之注二百九十四卷"，改为"资

> 江蘇書局修補
> 鄱陽胡氏仿元
> 本二百七卷重
> 栞九十九卷

江苏书局补版重刻本卷首刻书牌记

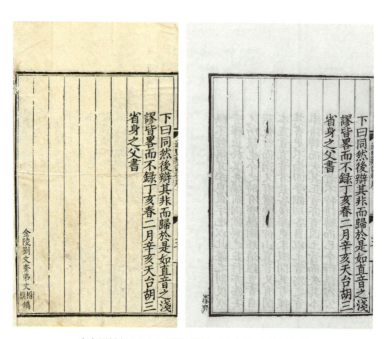

嘉庆原刻本（左）与同治补刻本（右）《通鉴释文辩误》
卷尾页末刘文奎兄弟雕版注记

治通鉴注二百九十四卷"，并把原版中与"资治通鉴胡身之注二百九十四卷"同样大小和字体的"附释文辨误十二卷"改镌为双行小字的"坿释文辨误十二卷"。（2）同治补版在内封面背后，去掉了"鄱阳胡氏藏版"的牌记，新镌牌记曰"江苏书局修补胡氏仿元本二百七卷重刊九十九卷"（个别初印本或尚未添入此新镌牌记），盖从其实也。（3）新本保留了嘉庆原版在卷首王磐序文页末镌刻的"金陵刘文奎弟文楷／文模镌"注记，但原本刻在卷尾胡克家《重刊元本资治通鉴后序》之末和《通鉴释文辩误》卷尾页末同样的注记没有重刻。这既有又没有，也可以说是体现了这套书版旧刻与新补这两方面的情况。这些都很直观，也很显著，不管懂不懂古籍版本，把两部书放在一起，就很容易分辨。

江苏书局补刻印行的胡注《通鉴》印行很多，这虽然大大改善了学者苦求其书而不得的窘迫局面，但新补刻的版本在质量上还是不能同胡克家原版相比。尽管如前所述，莫友芝宣称他对原版还做过一些"校讹补脱"的工作。

下面出示一页1937年时北平直隶书局售书书目上的价格，以见其实。

这份书目中的"胡刻"本，指的就是嘉庆原版本，而"江苏局"本指的是同治补版本。嘉庆原版本的价格竟高达同治补版本的一倍以上，足见这两个版本在读者心中的分量。

当然书价的高低还与其行世数量的多寡有直接关联。所谓物以稀为贵，讲的就是这个道理。前面已经谈到，胡克家刻本

直隸書局書目　史部	資治通鑑二百九十四卷附目錄釋文辯誤 閻敬銘	資治通鑑二百九十四卷附目錄釋文外紀	資治通鑑二百九十四卷	資治通鑑二百九十四卷	資治通鑑二百九十四卷	資治通鑑二百九十四卷	資治通鑑二百九十四卷	讀史舉正八卷 仁和張瑄	讀史提要錄十二卷 高沙夏之蓉	諸史考異十八卷 臨海洪頤煊	諸史攷異十八卷 臨海洪頤煊	史鋆五卷
	涵芬樓鉛印	百衲本	百衲本 影宋印	湖北局	湖北局 初印	江蘇局	江蘇局 初印	胡刻 初印	廣雅局	廣雅局	廣雅局	
三〇 北平琉璃廠	竹紙六十冊	竹紙一百廿冊	竹紙八十冊	竹紙八十冊	白紙百零四冊	竹紙百冊	竹紙一百冊	竹紙百冊	白紙二冊	竹紙六冊	竹紙三冊	竹紙一冊
	洋三十元	洋六十元	洋六十元	洋八十元	洋五十五元	洋六十元	洋七十元	洋六十五元	洋三元	洋二元	洋一元五角	洋一元五角

民国二十六年（1937）春季《北平直隶书局书目》

的嘉庆原版,刷印的数量并不很多,这才导致莫友芝所说即使高价寻求也连年求之不得的情况出现。

下面再看一张《中国古籍善本书目》的页面,就能够更具体地体会到这一点:

我们看第1077号的赵仲举过录严虞惇批点本,特别是第1078号的傅增湘、章钰校本,用的都是同治江苏人书局补版印本,就可以看出,嘉庆原版确实得之不易。须知傅增湘和章钰都是那一时代著名的版本目录学家,他们都十分清楚,做这样的工作,是应该选用嘉庆原刻本作为底本的。他们这样做,只能是出于不得已的原因——轻易买不到嘉庆原刻本来用。若是再考虑到傅增湘用此本校勘《通鉴》竟然连校三遍[1],足见其重视程度之高,而这也就更显示出嘉庆原刻本之稀见难得。

除了江苏书局补刻的这个版本之外,由于社会上需求众多,继江苏书局之后,湖北的崇文书局也重刻印行了胡克家本,这就是前面在北平直隶书局销售书目上看到的"湖北局"本。不过这个翻刻本质量不高,也不受学者重视。

像江苏书局补版重印胡刻胡注《通鉴》这样的版刻问题,学者们若是缺乏应有的关注和了解,有时会对学术研究造成很大影响。譬如清人张瑛著《资治通鉴元本校勘记》,依据常熟瞿氏铁琴铜剑楼藏元刻本来订正胡克家仿元刻本的错谬,可实际利用的胡刻本却是江苏书局的补版印本而非嘉庆原版,故

---

[1] 傅增湘《藏园群书校勘跋识录》(北京,中华书局,2013),页52—81。

| 資治通鑑二百九十四卷 存二百八十五卷 一至九十六、九十九至二百一十三、二百一十七至二百二十一、二百二十三至二百八十 宋司馬光撰 元胡三省音注 元刻明弘治正德嘉靖遞修本 清刻殘本 清丁丙跋 |
| 資治通鑑二百九十四卷 宋司馬光撰 元胡三省音注 元刻明修本 |
| 資治通鑑二百九十四卷 清嘉慶二十一年胡克家影元刻本 通鑑釋文辯誤十二卷 元胡三省撰 |
| 資治通鑑二百九十四卷 宋司馬光撰 元胡三省音注 清嘉慶二十一年胡克家影元刻本 通鑑釋文辯誤十二卷 元胡三省撰 |
| 資治通鑑二百九十四卷 宋刊馬光撰 元胡三省音注 清張瑛校跋並錄明文彭、文元發、文賓孟、文賓亨、清嚴虞惇、融有鴻、李慈銘跋並鈐清嘉慶間胡克家影元刻嚴虞惇批點本 通鑑釋文辯誤十二卷 元胡三省撰 章鈺校 |
| 資治通鑑二百九十四卷 宋司馬光撰 元胡三省音注 清趙仲舉跋並錄清嚴虞惇批點及歌 一年胡克家影元刻同治八年江蘇書局重修本 通鑑釋文辯誤十二卷 元胡三省撰 清嘉慶二十一年胡克家影元刻嚴虞惇批點及歌 |
| 資治通鑑二百九十四卷 宋司馬光撰 元刻同治八年江蘇書局影宋刻本 清同治八年江蘇書局影宋刻本 目錄三十卷 |

中国古籍善本书目编辑委员会编著《中国古籍善本书目》

"往往有局本误胡本不误,因而错举"的失误[1]。其他在重要史籍上出现过的类似问题,还有近年中华书局重新点校"二十四史",其中的《魏书》和《金史》就都有拿康熙或是崇祯时期补修过书版的明万历北监本作为参校版本的不当做法,也是关涉学术非浅。

2020年5月5日记

---

[1] 熊罗宿《胡刻资治通鉴校字记》(民国己未刻本)卷首熊氏自序,页1a—1b。

瞪大两眼也看不通的《通鉴》

随意翻检《国家图书馆宋元善本图录》，看史部书，除了太史公的《史记》，最吸引我关注的书籍，就是一千多年之后司马氏家族中的另一著名史学家司马光撰著的《资治通鉴》了。

自古以来，人们著书立说，就是想让它在社会上传布。当年，书只能一笔一画地写在竹简木简之上，没别的办法，司马迁只好"藏之名山，副在京师"，以"俟后世圣人君子"[1]，而自从北宋时期起，雕版印刷技术日渐普及，市面上流通的书籍，就是以雕印的本子为主。一代名著，读的人、用的人多，传世版本也就繁多复杂，叙述它，需要理出个头绪。下面，将依照南宋时期的浙本、蜀本和建本这三大版刻地域体系，分头讲说。

一 浙本系统诸本

司马光的《资治通鉴》，当然从一开始就是依赖雕版印刷的形式供世人阅读。元丰七年（1084）冬，温公书稿进呈神宗御览，翌年秋——元丰八年九月，复又"奉圣旨重行校定"。这时，朝中的政治气候，已经开始从所谓"熙丰新政"中解脱出来，发生改变。盖宋神宗在这一年三月已经去世，下诏重校书稿的人在名义上已经是继承其位的哲宗皇帝。可惜的是，再过一年，在哲宗元祐元年（1086）九月，司马光便因病辞世。不过史称"元祐更化"的拨乱反正业已正式展开，这就为《资

---

[1] 《史记》（北京，中华书局，2014）卷一三〇《太史公自序》，页4027。

治通鉴》的刊布提供了良好的政治环境。于是，在司马光辞世一个月后，即这一年的十月，便"奉圣旨下杭州镂板"，由朝廷来刊印并颁行此书。

虽然这中间有过一个"奉圣旨重行校定"的环节，但在这么短的时间内是不可能对整部书稿的内容做出系统更改的，恐怕主要是清定文字的工作；再说具体从事"校定"的人，是司马光撰著《通鉴》的主要助手范祖禹和司马光的儿子司马康，更不会妄自改动书稿。因此，《通鉴》一书这次上版初刻，大致相当于以司马光本人写定的原稿梓行，范祖禹还作为地位最高的"校定"之官直接参与了这一版本监刊督印的工作，司马康亦列名为"校定"官员之一[1]，其刊印质量，得到了充分保障。

令人遗憾的是，这一原初刻本，早已佚失不存。通观传世典籍的版本，北宋刻本存留至今者甚鲜，这主要是自然淘汰的结果，《通鉴》一书也不例外，元祐年间在杭州雕印的原刻本，世间早已不见踪迹。

不过影响《资治通鉴》这部书流布存留的因素，不仅是不断流逝的时光，还有政坛党争的冲击。就在元祐元年初次付梓十一年之后的绍圣四年（1097）四月，王安石新党干将，也是

---

[1] 见国家图书馆出版社《中华再造善本》丛书影印国家图书馆藏南宋绍兴二年至三年两浙东路茶盐司刻本《资治通鉴》（2006年）卷末（页17a—20a）附司马光进书表及相关刻书牒文与校勘官员衔名。又宋司马光《温国文正司马公文集》（上海，商务印书馆，民国《四部丛刊初编》影印宋绍兴刻本）卷五一《奏乞黄庭坚同校资治通鉴札子》，页10a。

他的女婿蔡卞，就想要毁掉这刚刚刻出的《资治通鉴》书版。这样的举止，今天很多人或许会觉得有些不可思议，但司马光撰著《通鉴》的思想主旨本来就是与王安石新党一派相对立的，我们看看当年蔡卞之辈甚至想要"发冢斲棺"以羞辱司马温公的情形[1]，再看看两个月前宋哲宗刚刚下诏"追贬"司马光官职的歇斯底里做法[2]，其销毁《通鉴》书版之举就算不上有多疯狂了。盖绍圣年间哲宗亲政之后，一意绍述"熙丰新政"，蔡卞此举，司马光《资治通鉴》之遭遇，亦时政变幻一缩影而已。

这是一个在整个中国古代版刻史上很有意思的故事，会牵连到一些基本的版刻问题。其事乃见于李焘《续资治通鉴长编》的记载，在这里，不妨将其始末照录如下：

> （陈）瓘为太学博士，薛昂、林自之徒为正录，皆蔡卞之党也。竞推尊（王）安石而挤元祐，禁戒士人不得习元祐学术。卞方议毁《资治通鉴》板，瓘闻之，用策士题，特引序文，以明神考有训。于是林自骇异而谓瓘曰："此岂神考亲制耶？"瓘曰："谁言其非也？"又曰："神考少年之文尔！"瓘曰："圣人之学，根于天性，有始有卒，岂有少长之异乎？"林自辞屈愧歉，遽以告卞，乃密

---

[1]　《宋史》（北京，中华书局，1977）卷三三六《司马光传》，页10769。
[2]　《宋史》卷一八《哲宗纪》二，页346。

令学中置板高阁,不复敢议毁矣。[1]

结果,书版虽保留了下来,没被毁掉,可也被束之高阁,不再让人刷印了。

这一记载的重要性,首先体现在版本学研究本身,它非常明晰地告诉我们,北宋时由京师开封发往杭州雕镂的书籍,在书版刻成之后,一般是运到开封城里,交由相关机构保管并在需要时刷印行世的。对此,虽然过去一般都是这样认识的,[2]但《续资治通鉴长编》这一记载还是向我们展示了一项鲜活的事例。

当然在这里还需要明确一个前提,即这里提到的《资治通鉴》书版,就是元祐年间发往杭州开雕的那部原刻《通鉴》的版片。

这里虽然没有直接的记载,但揆情度理,它也是这么回事儿。为什么?《资治通鉴》是一部大书,其编年纪事的主体部分有二百九十四卷,另外还附有《资治通鉴目录》三十卷、《资治通鉴考异》三十卷,俱与之并行,总共有三百五十四卷之多。这么大一部书,雕版耗费的时间和工本都是巨大的,因而既不是一朝一夕就能完成的,也不是脑袋一热就会动工去干的。这部书从元祐元年十月"奉圣旨下杭州镂板",到其校勘无误,雕版竣事,恐怕至少也要耗费两年上下时间。实际上直

---

[1] 宋李焘《续资治通鉴长编》(北京,中华书局,1985)卷四八五哲宗绍圣四年四月乙未,页11531。
[2] 黄永年《古籍版本学》(南京,江苏教育出版社,2009),页62—63。

到元祐七年,才彻底竣工完事,印制成书。[1]故史载元祐七年七月己酉"诏诸路安抚钤辖司及西京、南京各赐《资治通鉴》一部"[2]。

这样,到绍圣四年(1097)陈瓘等议论其事的时候,朝廷发往杭州初刻的书版刻成才只有五年时间。在这么短的时间内,朝廷就会兴师动众再重雕一副书版,这是根本不可能的事儿。人的能力有限,社会的需求有限,实在折腾不起。道理就这么简单,历史研究也就这么个做法。

下面我们看这位陈瓘的身份,是太学博士,而所谓"太学",是国子监下设最重要的具体实施教育的机构,太学博士"掌分经讲授,考校程文,以德行道艺训导学者"[3]。所以,陈瓘才会借助司掌策士之题的权限,在试题中特意引述宋神宗御赐序文的说法,以明《资治通鉴》是得到神宗皇帝首肯的书籍,岂容恣意毁弃?这块挡箭牌果然顶用,弄得蔡卞不敢造次,只好"密令学中置板高阁"。

"密令学中置板高阁"这句话,传达给我们一个重要信息,这意味着这部书版是被存放在太学并由太学组织实施刷印的。需要说明的是,像这部元祐时期刊刻的《资治通鉴》,过去一

---

[1] 宋黄庭坚《豫章黄先生文集》(上海,商务印书馆,民国《四部丛刊初编》影印宋乾道刊本)卷二三《刘道原墓志铭》,页8a。
[2] 《宋史》卷一七《哲宗纪》一,页334。
[3] 《宋史》卷一六五《职官志》五,页3909—3911。

向认为，它就是北宋时期所谓国子监刻本[1]，但这种国子监刻本到底是怎样刊刻、怎样刷印，至少我还未看到有人做过清楚的阐述。

由宋朝往下顺着看，明朝的国子监也是司掌刻书事宜的，但明国子监镌刻书版时，通常都是由国子监祭酒领衔来直接掌管校勘刻印，南监、北监，大致都是这样。宋朝一部分国子监刻本，情况与之相仿。如北宋太宗端拱元年（988）校刻单疏本《五经正义》，便以"守国子祭酒"孔维总管校勘事宜，署曰"都校"；史籍亦明确记载"端拱元年三月，司业孔维等奉敕校勘孔颖达《五经正义》百八十卷，诏国子监镂板行之"[2]。"司业"是国子监里祭酒之下的次官，孔维奉诏校勘《五经正义》时身为国子监司业，待勘定文字、镂成书版时则已权守祭酒之职。当然，由宋廷刻印《五经正义》的过程来看，更准确地说，明朝由国子监官员直接参与监本书籍雕版事宜的做法本是上承宋人旧制。

可这部《资治通鉴》的刊刻，却不是这样。我们看绍兴二年（1132）至三年期间两浙东路茶盐司重刻《资治通鉴》时按原样翻刻的元祐元年原刻本校勘官员衔名，可知具体参与校勘的乃是秘书省官员以至尚书省左右丞和仆射这样的高官，并没

---

[1] 王国维《两浙古刊本考》（上海，上海书店出版社，1993，《王国维遗书》本）卷上，页359。黄永年《古籍版本学》，页62—63。
[2] 宋王应麟《玉海》（京都，中文出版社，1986，百衲影印元至元六年庆元路儒学刊递修本）卷四三《艺文》"端拱校五经正义"条，页856。

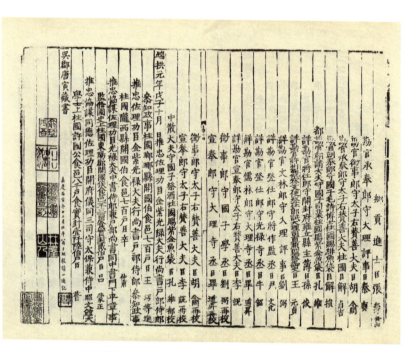

民国傅增湘珂罗版影印南宋国子监刻重刻本《周易正义》

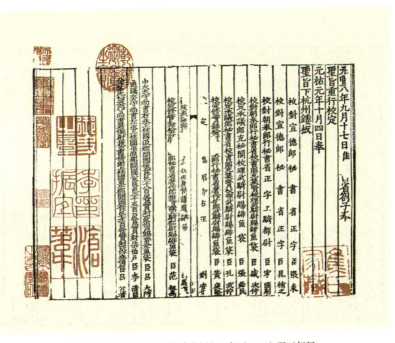

《中华再造善本》丛书影印南宋绍兴二年(1132)至三年间
两浙东路茶盐司刻本《资治通鉴》

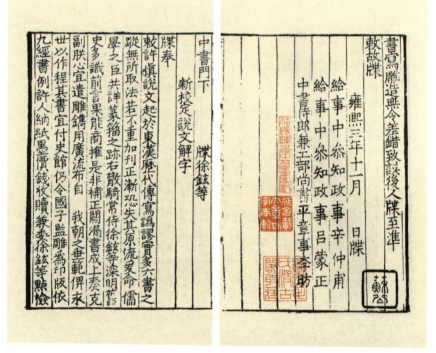

《中华再造善本》丛书影印宋刻元修本《说文解字》

有国子监的份儿。王国维虽然把它看作是"北宋监本刊于杭州者",但是没有讲述具体的根据。[1]

前引《续资治通鉴长编》的纪事告诉我们,身为太学博士的陈瓘在了解到蔡卞想要毁掉《资治通鉴》书版的情况后,当即设法阻挠,抗争的结果,是迫使蔡卞不得不"密令学中置板高阁"而"不复敢议毁"。这一情况明确无误地告诉我们,这部《通鉴》的书版刻成之后,是存放在国子监下设的太学当中的。

这种情况,令我联想到北宋国子监发往杭州雕镌的《五经正义》等书,通常并未因其刻版于杭州而被称为杭州刻本,而是依其刷印的地点被视作国子监本。[2]对比一下太宗雍熙三年(986)十一月刊刻《说文解字》的牒文,可以帮助我们更好地认识宋人所谓"国子监本"的内涵。这篇牒文内容如下:

> 奉敕:许慎《说文》,起于东汉,历代传写,讹谬实多,六书之踪,无所取法。若不重加勘正,渐恐失其源流。爰命儒学之臣,共详篆隶之迹。右散骑常侍徐铉等,深明旧史,多识前言,果能商榷是非,补正阙漏。书成上奏,克副朕心。宜遣雕镌,用广流布。自我朝之垂范,俾永世以作程。其书宜付史馆,仍令国子监雕为印版,依

---

[1] 王国维《两浙古刊本考》卷上,页359。
[2] 宋王应麟《玉海》卷四一《艺文》"咸平孝经论语正义"条,页820—821;卷四二《艺文》"咸平校定七经疏义"条,页846—847。王国维《两浙古刊本考》卷上,页355—357。

"九经"书例,许人纳纸墨价钱收赎。兼委徐铉等点检书写雕造,无令差错,致误后人。[1]

这是说这次刊刻的《说文解字》,可以依照国子监本"九经"的成规,令有需求的民众支付相应的"纸墨价钱"来刷印其书(这里所谓"收赎"应是"收买"的意思)。这种民众随时付费印书的情况,让我们更容易理解书版最后的刷印地点带给人们的强烈而又普遍的印象,而这自然会强化这一最终环节在整个书籍雕版印刷流程中的地位,让人们把所有放在国子监刷印的书版都认定为"国子监本"。显而易见,这样的"国子监本"同明人所称"国子监本"的含义是有很大不同的。

元祐原刻本《通鉴》的情况是这样,这部雍熙刻本《说文解字》其实也应该是这样,因为奉敕"点检书写雕造"的徐铉,身为"右散骑常侍",与国子监也是毫无关系。在刻书官员的身份这一点上,它同元祐本《通鉴》是完全一样的,而宋太宗的敕文却把这说成是"国子监雕为印版",亦即"国子监本"。

宋初人刘熙古把自己刊刻的书版进献给朝廷的事例,可以更好地说明宋朝国子监本版片的另一来源。这位刘熙古在太祖开宝五年(972)以兵部侍郎参知政事,后拜户部尚书致仕,卒于开宝九年。其人"颇精小学,作《切韵拾玉》二篇,摹刻

---

[1] 见国家图书馆出版社《中华再造善本》丛书影印国家图书馆藏宋刻元修本《说文解字》(2004年)卷末(页7b—8a)附刻书牒文。

以献，诏付国子监颁行之"[1]。这"摹刻"二字是宋人表述雕版印刷的专门用语，而"国子监颁行"就是在国子监的操持下用刘熙古雕镂的书版来印书。由此可见，从北宋之初，由国子监来印行监外刊刻的书版，就是所谓"国子监本"的重要组成部分。

在这之后，就在陈瓘为保护《资治通鉴》的书版同蔡卞暗暗掰腕子的这一时期，宋廷得到高丽国进献的中土佚籍《黄帝针经》九卷，哲宗皇帝亦令"下尚书工部雕刻印板，送国子监依例摹印颁行"[2]。工部雕刻书版而由国子监刷印流通的情况，同刘熙古进献书版给朝廷一事，其内在性质是完全相同的。

综合考虑上述情况，书版收存于国子监所属太学之中以供人刷印的元祐原刻《资治通鉴》，当然应该属于宋人所谓"国子监本"，而这些事例也告诉我们，这些由朝廷不同部门主持校刻的典籍，从一开始就应当已经确定其雕版事竣之后是一定要交由国子监统一印制成书的。正因为如此，《通鉴》书稿在元祐元年正式付梓之前，司马光本人便径称其书将"旋送国子监镂板"[3]。

《景定建康志》载录南宋时期江宁府学藏储的书籍，乃

---

[1] 《宋史》卷二六三《刘熙古传》，页9100—9101。
[2] 宋江少虞《宋朝事实类苑》（上海，上海古籍出版社，1981）卷三一《词翰书籍》之二十，页397—398。
[3] 宋司马光《温国文正司马公文集》卷五一《奏乞黄庭坚同校资治通鉴札子》，页10a。

存有"《资治通鉴》监本、蜀本、建本"三种版本,而这些书籍都是南宋时期所得[1],故王国维即谓南宋时期在国子监刻有"《资治通鉴》二百九十四卷,《目录》三十卷,《考异》三十卷"[2]。

南宋国子监的书版,入元俱归属西湖书院。泰定元年(1324)刊刻的《西湖书院重整书目记》石碑,载录了其全部书版,王国维先生一一考辨了这些版片的来源。检读这篇碑记,可见其中正载有《资治通鉴》一名。[3]

可是,屈居于"临安"府城当中的南宋国子监,同北宋时期设在东京开封城里的国子监真身一样,其书版并非都是由监中自刻。如《西湖书院重整书目记》所载"子由《古史》",王国维以为"即衢州刊本,宋时取入国子监";又如"荀氏《前汉纪》",王国维"疑即绍兴间越州刊本,宋时取入国子监";同样的情况还有《通鉴外纪》,"疑亦绍兴间越州刊本,宋时取入国子监";《唐六典》,"疑即温州刊本,宋时取入国子监",等等。[4]

这些情况告诉我们,《西湖书院重整书目记》中载录的《资治通鉴》,完全有可能是同苏辙《古史》等一样被征入国子

---

[1] 宋周应合《景定建康志》(北京,中华书局,1990,《宋元方志丛刊》影印清嘉庆六年金陵孙忠愍祠刻本)卷三三《文籍志》一,页1884—1886。
[2] 王国维《两浙古刊本考》卷上,页369。
[3] 王国维《两浙古刊本考》卷上,页441。
[4] 王国维《两浙古刊本考》卷上,页440—442。

监中的书版，而不是国子监的原刻。特别是我们看这篇碑记中的《前汉纪》和《通鉴外纪》，是绍兴年间在越州刊刻，而前面提到的绍兴初年两浙东路茶盐司重刻北宋监本《资治通鉴》，其付诸实施，是由"两浙东路提举茶盐司公使库下绍兴府余姚县刊板"[1]，这个绍兴府就是由越州升格更名而来，可见这些书大体上属于同时同地所刻，若是一同被征入国子监中应该是十分合理的事情。结合明朝初年大量征用地方官署和儒学的书版进入南京国子监而变身成为监本的情况（如元刻本胡三省注《资治通鉴》的情况就是这样），我们会更容易理解这一点。

《资治通鉴》是一部部头很大的书，也是一部远比《前汉纪》和《通鉴外纪》等书重要许多的要籍。绍兴、临安两地近在咫尺，而《通鉴》这部书既需求强盛而又刊刻不易，何不直接征用绍兴府里现成的书版？再说两浙东路茶盐司刊刻此书，本来就是直接翻刻北宋国子监的版本，傅增湘称誉此本"版式字体犹存北宋古茂遗矩，缘公使库开版，例宜进御，故写官削氏必选精良，校勘监修又皆时彦，且时属南渡之初，旧工犹在，用是详审齐整，迥然不同"[2]，南宋国子监征入这样精整的书版，更是顺理成章的事情。

---

[1] 见民国商务印书馆《四部丛刊初编》影印宋福建刻本《资治通鉴》卷末附镌绍兴本刻书题记，页25b。案此绍兴本刻书题记，今仅存于世的国家图书馆藏绍兴二年至三年两浙东路茶盐司刻本《通鉴》已佚失不存。

[2] 傅增湘《藏园群书题记》（上海，上海古籍出版社，1989）卷二《百衲宋本资治通鉴书后》，页105。

另外司马光在元丰七年进呈的书稿，除了《资治通鉴》二百九十四卷之外，还一并附有《目录》三十卷、《考异》三十卷，"合三百五十四卷"，这在他的进书表中是有清楚记录的，[1]因而元祐元年（1086）"奉圣旨下杭州镂板"的国子监原刻本也一定同时刊刻有《目录》和《考异》两部分内容，可是国家图书馆藏绍兴初年两浙东路茶盐司翻刻元祐之本，却只带有《资治通鉴目录》而没有《资治通鉴考异》。其实，《国家图书馆宋元善本图录》上著录的第0513号藏品"宋绍兴二年（1132）两浙东路茶盐司公使库刻宋元递修本"《资治通鉴考异》，就应该是这次同司马光《通鉴》一同付刻的《考异》部分，尽管其有元代修补的版片，并且还阙佚两卷，是用抄本补配。今检其于双卷次篇末，每镌有"通仕郎试太学生臣周固校正""承事郎太学博士臣李敦义校正"等字样[2]，显示出临安国子监在这一刻本的雕版过程中就已经直接参与其事，因而如同元祐原刻本《通鉴》一样，从一开始，这部书就是作为国子监本而刊行的。

所以，我推测，《景定建康志》著录的监本《资治通鉴》，实际上就是绍兴初年的两浙东路茶盐司刻本。又元人胡三省注释《通鉴》，间亦随文校勘司马光书文字，有引及"杭本"者，

---

[1] 见国家图书馆出版社《中华再造善本》丛书影印国家图书馆藏南宋绍兴二年至三年两浙东路茶盐司刻本《资治通鉴》卷末附司马光进书表，页18a—18b。

[2] 见国家图书馆出版社《中华再造善本》丛书影印国家图书馆藏南宋绍兴二年两浙东路茶盐司刻本《资治通鉴考异》卷二，页20b；卷一四，页15b等。

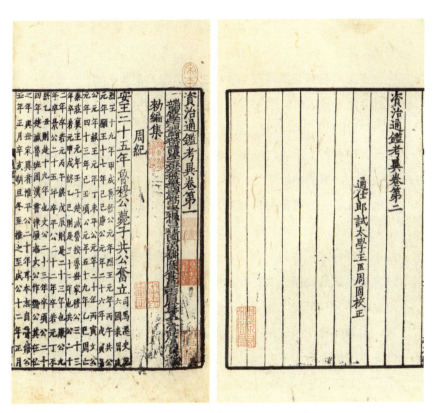

《国家图书馆宋元善本图录》第 0513 号藏品
宋绍兴二年（1132）两浙东路茶盐司公使库刻宋元递修本《资治通鉴考异》

疑亦指此两浙东路茶盐司本。盖如上文所述，此本系翻刻北宋国子监本，而所谓北宋国子监本实际上是"奉圣旨下杭州镂板"，两浙东路茶盐司本依旧照刻有当时发下杭州开版的牒文，宋元人名曰"杭本"，亦良有由也。

在两浙东路茶盐司刻本付梓之先，宋室南渡之初，于江南尚且立足未稳的时候，就有官员主持刊刻过司马光的《资治通鉴》。具体操作其事的人，是两浙转运使范冲。

当时朝野上下可以说还惊魂未定，范冲却这么急不可耐地来做刻书印书的闲散事儿，其缘由，从表面上看，是缘于仓皇南逃的人们无力携带书籍，文人学士，一时间无书可读。自从绍圣四年（1097）四月蔡卞将元祐原刻本《通鉴》"置板高阁"而不再刷印之后，直到高宗赵构立足江南，宋廷的权力中枢，一直基本上是操控在王安石新党一派手中。司马光既位居与之对立的"元祐奸党"魁首，《资治通鉴》一书又是直接针对时政，有为而著，因而在这一期间恐怕它也不会有再行刷印的机会。世间传布的印本本来就不是很多，遭此国变之后，求取其书自然愈加不易。

但实际上更深一层的因素，是政治斗争的需要，即同绍圣四年蔡卞想要毁弃《通鉴》书版一样，与之对立的所谓元祐党人一派，需要利用此书作为工具，即将其用作张扬自己政治主张的一面旗帜。张罗这件事儿的范冲，坚决反对王安石的新法。其父范祖禹，乃是司马光撰著《资治通鉴》的主要助手之一，也是司马光在政治上的核心盟友；其外祖父吕公著，在臭名昭著的《元祐党籍碑》中，更名列第三，差不多是和司马光齐名的。所以，范冲才会这么急促地刻印此书。

不过正因为如此，对立的政治派别，也就必然要竭力阻挠其事。就在书版即将雕镂竣事的时候，范冲移官他去，而在他离任后，两浙转运副使王综，便"指司马光为奸人，谓《通鉴》为邪说，必欲毁板，恐其流传"。由于对方的强力反击，使得这位王综"坐不刊行《资治通鉴》板本"而在建炎三年（1129）八月遭致夺职。[1]

相关史籍对王综"毁板"的举措究竟是否实现虽然没有明确的记载，但我们看朝廷给他定的罪名只是"坐不刊行《资治通鉴》板本"，也就是没有继续做完范冲尚未来得及去做的煞尾工作，而不是毁坏业已雕成的书版，说明这套行将竣工的书版仍保存完好。

可是，在这种情况下，何以在此三年之后的绍兴二年两浙东路茶盐司就又急于重刻此书了呢？这实在是一件不易解释的事情。

历史上的事情，既然发生了，往往就都有它合理的原因，只是有时没有留下相应的文献记载而已。幸运的是，范冲主持刊刻的这套书版，在历史文献中留下了相当确切的记载，我们可以清楚地追寻到它的下落。

---

[1] 宋李心传《建炎以来系年要录》（上海，商务印书馆，1936，《丛书集成初编》排印《史学丛书》本）卷二六建炎三年八月癸巳，页522。

《金史·赤盏晖传》记云：

> （赤盏晖）从攻寿春、归德，及渡淮为先锋，遇重敌于秀州、苏州，皆击败之，遂至余杭。通粮饷，治桥道，晖之力为多，乃还，载《资治通鉴》版以归。[1]

赤盏晖此番南下杭州，事在金太宗天会七年（1129）。史载这一年"十二月丙戌，宗弼取湖州。丁亥，克杭州。阿里、蒲卢浑追宋主于明州。越州降。大臭败宋枢密使周望于秀州，又败宋兵于杭州东北。戊戌，阿里、蒲卢浑败宋兵于东关，遂济曹娥江。壬寅，败宋兵于高桥。宋主入于海"。第二年正月"己未，阿里、蒲卢浑克明州，执其守臣赵伯谔"，至"二月乙亥，宗弼还自杭州。庚寅，取秀州。戊戌，取平江"[2]。是则赤盏晖随军进入杭州以及在杭州附近"通粮饷，治桥道"，时值金太宗天会七年底至天会八年年初，也就是宋高宗建炎三年年底至建炎四年年初这一段时间，即正当两浙转运副使王综刚刚被褫夺职务不久的时候。

从建炎三年八月王综去职，到这一年十二月金兵攻入杭州，其间有四五个月时间（这一年闰八月），范冲雕镌未竟的《通鉴》书版，或已修整完毕，赤盏晖入杭适逢其时（宋两浙

---

[1]　《金史》（北京，中华书局，1975）卷八〇《赤盏晖传》，页1806。
[2]　《金史》卷三《太宗纪》，页60—61。

路转运司自仁宗景祐年间即已从苏州移驻杭州[1]），故得在天会八年亦即建炎四年年初"载《资治通鉴》版以归"，这也致使两浙东路茶盐司不得不在两年后的绍兴二年重又翻刻元祐旧本。

这一事件，很生动地告诉我们，版本学研究不能脱离历史研究而独立存在，也只有置身于特定的历史背景之下，我们才能够看到古代版刻真切的面貌。

就今人所论宋人刻书的版刻体系而言，以上这些是我对宋浙本体系内相关诸本版刻源流所做的一个大概推断。这样的推论，当然还很不充分，更不敢说已经确切无疑，但希望能够在王国维等人旧有研究的基础上稍有推进；至少希望能够引起更多学者的关注，希望大家能够更多地以一种发展的眼光来审视前后不同时期各种版本之间的内在联系。

另外，在上海图书馆藏元刻初印本胡三省注《资治通鉴》卷一七一的篇末，留存有很长一段胡氏讲述其成书经过的注记，其中提到他曾从鄞县友人袁桷处借用过一部"汴都枣木本"《通鉴》[2]，这当然是北宋时期东京开封刊刻本子，是与"奉圣旨下杭州镂板"的国子监本不同的另一个版本。揆情度理，应是从此元祐原刻本中衍生的一个早期刻本。

如前文所述，元祐年间刻成的所谓国子监本《通鉴》，由

---

[1] 周振鹤主编《中国行政区划通史》（上海，复旦大学出版社，2017）之《宋西夏卷》（李昌宪著），页64—65。
[2] 见2020年国家图书馆出版社影印上海图书馆藏元刻初印本胡注《通鉴》卷一七一篇末，页36b。

于王安石新党一派的压制,实际上并没能刷印多少。其书版刊刻竣事是在元祐七年,而第二年亦即元祐八年哲宗亲政,便重又绍述神宗旧业,起用新党人物,贬抑司马光及所谓"元祐党人"。迄至宋室南渡,政局大致如此。在这样的政治形势下,国子监本《通鉴》基本没有重刷的可能,但民间反对新党的呼声却日甚一日。在这种社会形势下,由都城开封的民间人士来刻印这难得一见的《资治通鉴》,也就是情理之中的事情了。

这一刻本,虽然早就失传于世,今已不存片纸只字,但就现存其他北宋刻本的一般情况而言,其总体风格,与南宋浙本是基本一致的,都是以欧体字上版,这部"汴都枣木本"《通鉴》也不应例外。

了解上述《通鉴》版刻变迁的状况,再来看《国家图书馆宋元善本图录》中相关书影的选择,就会感知其间存在明显的缺憾。

首先,属于浙本系统的刻本,实际上只有一种宋本传世,这就是绍兴初年的两浙东路茶盐司刻本。事实上,这也是除了元刻本胡注《通鉴》之外,唯一的一部宋元旧刻全本原配《通鉴》,其他的刻本都有残阙(至少没有原配的全本)。

用不着讲什么大道理,出版版本图录,不管编出什么花样,其核心宗旨和首要目的,都是要体现版本特征和版刻源流,都应该尽量展示那些具有版刻研究价值的页面。由此出发,在从两浙东路茶盐司刻本中选取书影时,除了卷一首页之外,最先考虑的,就应该是择取前面展示过的刻有元祐元年原刻本校勘官员衔名的那一个版面。因为这能够清楚地体现这个刻本的版刻渊源——出自所谓北宋监本,也就是元祐原刻本。

接下来需要考虑的是,择取一个特别的页面,以体现其自身的版刻性质。绍兴二年至三年间两浙东路茶盐司刊刻的这部《资治通鉴》,本来在全书末尾附有一段刻书的题记和刊版监修校勘官员衔名,其刻书题记如下:

> 绍兴二年七月初一日,两浙东路提举茶盐司公使库下绍兴府余姚县刊板,绍兴三年十二月二十日毕工,印造进入。

这也可以看作是两浙东路茶盐司的进书呈文,可是现在国家图书馆仅存的这部孤本,却脱去了这样的页面,故其进入清宫时曾被侍臣视作"未注初刻",被当作了此书最早刻印的元祐刻本。[1]

后来人们判断此本乃是绍兴初年两浙东路茶盐司的刻本,是因为《四部丛刊初编》影印的南宋建本和胡注《通鉴》都附有上述刻书题记以及司职这次刻书的校勘官员衔名,而在这部绍兴原本的卷二四一和卷二四九这两卷书的篇末,都还留有"左文林郎知绍兴府嵊县丞臣季祐之校正"字样,这个"季祐之"就是绍兴初年两浙东路茶盐司刻本的校勘官员之一

---

[1] 清彭元瑞等《天禄琳琅书目后编》(上海,上海古籍出版社,2007)卷四"资治通鉴"条,页460。

校勘監視

嵊縣進士婁　諤　進士婁梵延
　　　　　進士唐　奭　進士唐時丹
　　　　　進士婁　時襲　進士石素
　　　　　進士如　祈　進士王念
　　　　　進士張　綱
右迪功郎新虔州興國縣主薄唐　　　
餘姚縣進士葉　埜　進士杜邦彥
　　　　　進士錢　發昔　進士陸宕
　　　　　進士顧　太合　進士呂克勤
　　　　　進士張　齊齋　進士朱昌輔
　　　　　進士杜　絃　進士孫桝
右迪功郎紹興府餘姚縣主簿王
右從事郎紹興府嵊縣尉薛鋨綱
右修職郎紹興府嵊縣丞桂祐之
左迪功郎紹興府府學教授晏肅
左宣教郎知紹興府餘姚縣丞馮榮叔
右承務郎知紹興府餘姚縣主簿晏敦臨
右宣義郎知紹興府餘姚縣兼勸農事管勾靈鹽場范仲幹
左奉議郎簽書鎮東軍節度判官廳公事徐九戒

《四部丛刊初编》影印宋建本《资治通鉴》篇末附绍兴本校勘官员衔名

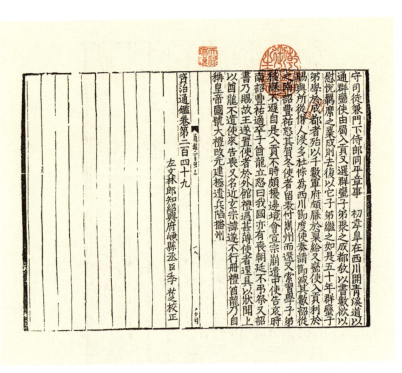

《中华再造善本》丛书影印南宋绍兴二年至三年间两浙东路茶盐司刻本《资治通鉴》书中校勘题记

資治通鑑卷第一

朝散大夫右諫議大夫權御史中丞充䟽使護軍賜紫金魚袋臣司馬光奉

勅編集

周紀一 起著雍攝提格盡玄
黓困敦凡三十五年

威烈王

二十三年初命晉大夫魏斯趙籍韓虔為諸侯

臣光曰臣聞天子之職莫大於禮禮莫大於分分莫大於名何謂禮紀綱是也何謂分君臣是也何謂名公侯卿大夫是也夫以四海之廣兆民之衆受制於一人雖有絕倫之力高世之智莫敢不奔走而服役者豈非以禮為之綱紀哉是故天子統三公三公率諸侯諸侯制卿大夫卿大夫治士庶人貴以臨賤賤以承貴上之使下猶心腹之運手足根本之制支葉下之事上

《國家圖書館宋元善本圖錄》第 0495 號藏品
兩浙東路茶鹽司刻本《資治通鑒》首頁

(《四部丛刊初编》影印南宋建本和胡注《通鉴》都讹作"桂祐之")。

粗略知悉这一情况并不困难,不需要预先做出我在前面所做的那样复杂的论证,只要简单对比一下绍兴刻本和《四部丛刊初编》影印的南宋建本就能明白,哪怕稍微了解一点这个情况,就应该再从卷二四一和卷二四九两卷篇末的校勘注记中选择一个页面,列入《国家图书馆宋元善本图录》之中。这样,就能清楚地体现出这一版本的版刻性质。

可我们现在在《图录》中看到的情况,却不是这样。《图录》第0495号藏品总共列举了四幅绍兴初年两浙东路茶盐司刻本的书影,却完全没有选用上述两种页面。在体现其版刻性质和版刻特征方面,这四帧书影的价值,几乎完全相同,可以说徒然浪费了这次宝贵的机会。

二 蜀本系统诸本

宋代版刻在浙本之外的另一地域体系,是蜀本。在《资治通鉴》的刊刻史上,蜀本系统的刻本受到很特别的重视。这一点,通过下述事例可以得到很好的说明:

> 绍兴五年二月乙亥朔……癸巳,左迪功郎成都府府学教授雷观特改左承奉郎。观,成都人,靖康初,以上书赐第为太学博士,俄罢去。上闻其名,故召对而有是命。观

又献蜀本《资治通鉴》,乃以观通判潭州〔观进《通鉴》在三月甲戌,除倅在丁丑,今联书之〕。[1]

献上一部书,就获得通判的职位,确实显示出宋高宗对这部书的重视,联系前文所说两浙转运副使王综以"坐不刊行《资治通鉴》板本"而被褫夺职位的情况,更能体现《资治通鉴》这部书在当时政治生活中的重要地位。

我们若是单纯从版刻史角度来看待这一事例,须知雷观献书时两浙东路茶盐司刊刻的《通鉴》才刚刚问世一年多时间,而且这个刻本是直接翻刻元祐元年开雕的原刻本,似乎不应该有过多太离谱的错讹,而朝廷竟如此重视雷观进献的蜀本,显示这种蜀本在刊刻时或做过比较深入的校勘。因为它的底本也应该是元祐原刻本(赵万里即谓蜀地刻书往往"把中央政府颁行的标准本很快翻印出来,如现有传本的蜀刻《周礼》《春秋》《礼记》《孟子》和《史记》、《三国志》、南北朝'七史',都是根据监本为底本"[2]),若只是简单照刻原本,宋高宗是没有理由给予特别重视的。

清人顾广圻尝论述《资治通鉴》的文字错谬,乃谓"温公就长编笔削,不复一一对勘元文,遂或失于检照",而这样的

---

[1] 宋李心传《建炎以来系年要录》卷八五绍兴五年二月癸巳,页1404。
[2] 北京图书馆《中国版刻图录》(京都,朋友书店,1983)卷首赵万里撰《中国版刻图录序》(案依照当时的"规矩",此文同整个《图录》一样,只能署名为"北京图书馆"),页2。

失误"非遍究'十七史'而兼以旁通不办，亦已难矣"[1]。根据这些情况，可以推测，蜀本《资治通鉴》在刊刻时或是花费了特别的校勘功夫，对勘过诸如"十七史"之类的原始文献，所以才会比其他简单翻刻元祐原刻本的南宋刻本有较多嘉善之处。后来到元朝时，福建行省参知政事魏天祐，也因为"蜀本《通鉴》，视江南诸本为善"才特地重刻此本。[2]

蜀本系统的《通鉴》，源自所谓"龙爪本"。对于这一所谓"龙爪本"《资治通鉴》，清代以来较多藏书家和学者都认为它是在北宋时期由广都费氏进修堂刊行的。譬如，陆心源就曾根据家藏本中因避忌宋讳"朗、匡、胤、殷、贞、敬、曙、征、恒、佶皆缺避"而"桓字不缺"的状况，推断其书"盖徽宗时刊本也"[3]。尽管陆氏这一说法并不准确，他收藏的实际是一部南宋时期的翻刻本（下文将具体说明），可我们看雷观在绍兴初年因进献蜀本《通鉴》而受高宗赏赐的情况，足以证实所谓蜀本《资治通鉴》至少其初刻原本一定是刊刻于北宋时期，要不雷观怎么会在绍兴五年（1135）三月拿一本当地刚刚刻印的新书当珍本去进献给朝廷？

然而傅增湘在民国时期看到当时所见各种所谓"龙爪本"

---

[1] 清顾广圻《思适斋集》（清道光年己酉徐渭仁原刻本）卷一一《通鉴刊误补正序》，页5b—6b。
[2] 傅增湘《藏园群书经眼录》（北京，中华书局，1983）卷三鄂州孟太师府鹄山书院刻本"资治通鉴"条录魏氏序文，页234。
[3] 清陆心源《仪顾堂题跋》（北京，中华书局，2009，冯惠民整理《仪顾堂书目题跋汇编》本）卷三《北宋蜀费氏进修堂大字本通鉴跋》，页49—50。

《通鉴》的残本后,以为这些本子"均非蜀刻,亦非一刻,实为宋季及元初各地之覆刻蜀本也"。不过非常令人不解的是,傅氏只是断然述说他的结论,却根本没有说明他是何以做出这一判断的。由于傅增湘没有交代具体的依据,除了别人已经做出过具体的论证,对其他那些本子,在未经逐一详细比勘核查之前,取舍从违,我是不敢轻易定夺的。

特别需要指出的是,这个"龙爪本"在形式上是有独家特色的,傅增湘将这种独家特色表述为"纪年下记干支,间附音释"[1]。现在通行的中华书局点校本《资治通鉴》,在每一年份下都添附有纪年的干支和公历年数,就是沿承"龙爪本"旧规。

另外这个版本中"间附"的"音释",实际上是本自宋人史照的《资治通鉴释文》,或者更稳妥地说,是这些"音释"的内容与史照的《资治通鉴释文》高度雷同(案:史照为蜀地眉州人,尝为右宣义郎监成都府粮料院,其曾祖清卿为缙绅所宗,苏轼兄弟以乡先生事之[2],故费氏未必一定要采用刊刻行世的《通鉴释文》,也可以直接录自史照未刊的书稿或聘请史照帮忙来做这样的工作;甚至目前也不能完全排除相反的情况——史照的《通鉴释文》是本自龙爪本《通鉴》已有的注

---

[1] 傅增湘《藏园群书题记》卷二《百衲宋本资治通鉴书后》,页105。
[2] 宋史照《资治通鉴释文》(上海,商务印书馆,民国《四部丛刊初编》影印宋刊本)卷首冯时行序,页2a。参见清阮元《揅经室集》(北京,中华书局,1993)二集卷七《史照通鉴释文跋》,页557。

释，当然这种可能性很小），刻书者并"间以己意附见"[1]。

由于史照为两宋之际人，按照当前通行的看法，即"龙爪本"的"音释"本自史照的《通鉴释文》，所谓"龙爪本"的梓行时间也只能是在两宋之际这一时期。另一方面，如前所述，绍兴五年雷观献书一事显示此本只能是在北宋时期雕镌成书，因而其刊刻时间就只能是在北宋末期了。金兵虽然始终未能入蜀，但两宋之际的社会动荡对成都及其附近地区应该也有一定影响。这部北宋末年刊刻的《资治通鉴》，应该印行未几书版即遭受损毁，以致到南宋初年就已经难以觅得印本，所以我们才会看到雷观献书之书。

附带谈一下，"龙爪本"在每一年份下添附纪年甲子的做法，也应该是承自史照的《通鉴释文》。因史照《通鉴释文》已在《通鉴》每一卷标记年份起讫的岁阳岁阴下附注云"即某甲子至某甲子"，只是还没有一一添注到文中每一年下而已。

又元人胡三省说刊刻"龙爪本"的广都费氏乃"蜀中鬻书之家"，换句话来表述，也就是开书坊刻书卖书的商家，"世人以其有注，遂谓之善本"[2]。这个"鬻书之家"的实际情况，很值得引起我们的关注并予以深入探讨。宋高宗和魏天祐都不会随便信服一个普通书商会校刻出超过官本的书籍。我们看，这个版本能够在摘录史照旧注之外，还能"间以己意附见"，而

---

[1] 元胡三省《通鉴释文辩误》（北京，国家图书馆出版社，2020，影印上海图书馆藏元刻初印本胡三省注《资治通鉴》本）之胡氏跋语，页 1a—2a。
[2] 元胡三省《通鉴释文辩误》之胡氏跋语，页 1a—1b。

对于像《资治通鉴》这样的巨著来说，刻书时能有"己意"提出，就不是普通坊贾能够轻易做到的事情。

面对这样一种充满诱惑的局面，作为一名普通的读者，也就愈加希望刚刚出版的《国家图书馆宋元善本图录》能够多给我提供一些认识的线索，以澄清其版刻源流，而澄清蜀本《通鉴》的版刻源流，其意义不仅局限于《资治通鉴》本身，还关涉到中国印刷史研究中某些很重要的基本问题。

首先，广都紧邻成都，因而广都费氏进修堂刊本《通鉴》的北宋原刻本，在很大程度上可以体现北宋时期成都地区刻书的面貌。成都是唐代以来的全国性版刻中心，但到南宋时期，这一版刻中心就迁移到了成都西南方向的眉山。存世北宋成都刻本，除了宋初刊刻的《开宝藏》零册，其他一些书籍还都难以得到确认，因而这部《通鉴》若果然是刊刻于北宋末年的徽宗时期，那么它又可以更为具体地落实为北宋晚期成都地区刻书的一个样本。这样，向上看，与《开宝藏》对比，就能够看到成都刻书在北宋时期前后演变的轨迹；向下看，同南宋眉山刻书对比，则可以看到蜀本从北宋到南宋的衍化轨迹。

更进一步看，虽然广都与成都近在咫尺，但毕竟是两个不同的地点，因而费氏进修堂刊本《通鉴》还意味着成都这一版刻中心向外的扩展蔓延，费氏若果然像胡三省所说的那样是一个"蜀中鬻书之家"，它还提示我们广都这个地方是不是北宋后期成都地区的一个坊刻中心？北宋广都刻书，另外还留下一些痕迹，如六臣注《文选》，相传就有过一部北宋刻本，书中镌有"见在广都县北门裴宅印卖"注记，其具体梓行时间，是"崇宁五年镂板，至政和元年毕工"[1]，这时间也和广都费氏刻印的《通鉴》差相仿佛。

这当然会让我们在探讨北宋成都地区刻书的时候更加关注广都这个地点——它会不会就像福建建阳书坊刻书，说是建阳县，可具体的刻书作坊大多都是在县城以外、县境之内的麻沙和崇化这两个地方？广都县上属成都府，就如同麻沙、崇化要归建阳县管一样，所以麻沙、崇化两地所刻书籍既然可以称作建阳刻书，广都的刻本当然也可以称作成都刻本。又前文所说广都费氏进修堂刊刻《资治通鉴》的精善程度，则至少在一个侧面代表了这一坊刻中心的发达程度。研究历史，就是这样，只要我们认真读书并勤于思索，就可以发现表象背后宏大而又深邃的背景。

然而我们在《国家图书馆宋元善本图录》上看到的实际著录状况，却很不理想。根据前述傅增湘所见到的情况，《图录》编纂者理应对馆藏各种相关的版本做出归纳和区分，即先归纳哪些版本同属"龙爪本"系统，再区分各种版本的具体特点。当然要想做到这一点，除了审辨版刻字体之外，需要先清楚著录各个版本有无刻工姓名和版面字数以及书口上书名的镌记方式，当然要是能著录清楚避讳情况更好，然而这些都是这

---

[1] 清朱彝尊《曝书亭集》（台北，世界书局，1989）卷五二《宋本六家注文选跋》，页614。

套《图录》阙载的项目，只能徒唤奈何。

根据《图录》书影提供的很不完全的信息，我把它的第0500、第0502、第0503和第0504号藏品这四种《通鉴》残本（这几个残本残阙都相当严重，实际上都只是仅存个别零册甚至零叶）定为"龙爪本"系统的版本，理由如下：（1）版式相近。都是11行19字，白口，左右双边，双重黑顺鱼尾。半页版框长24厘米多，宽19厘米上下。（2）都附有纪年干支及所谓"音释"的内容。所以这四种版本，即使不是"龙爪本"原刻，也是它的翻刻本。

具体审辨国家图书馆收藏的这四个本子，我初步将其分作如下三类。

第一类，为第0500号藏品和第0502号藏品。其共同点一是字体相近；二是都上书口刻字数，下书口镌刻工姓名。但这两种书同中也还有异，一是字体点画存在一定差异，不像是同一部书籍所应有的状况；二是前者版心书名卷次镌作"通监几（如'四'）"，后者则镌作"通监某朝（如'魏'）几（如'七十四'）"。相对来说，第0500号藏品的字体，具有更典型的所谓宋蜀刻大字本特点，其字脚笔势开张明显，而第0502号藏品的笔锋则显得有些拘谨。

审看这两种刻本，值得注意的是，第0502号藏品的字体虽然不像我们熟知的宋蜀刻大字本那么典型，可是卷七四末尾"而皓浸润构间故也"这句话中的那个"构"字，却没有因回避宋高宗的名讳而做变易，而此本既然不避高宗名讳，就不应该

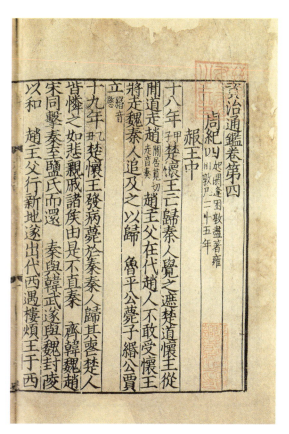

《国家图书馆宋元善本图录》第 0500 号藏品

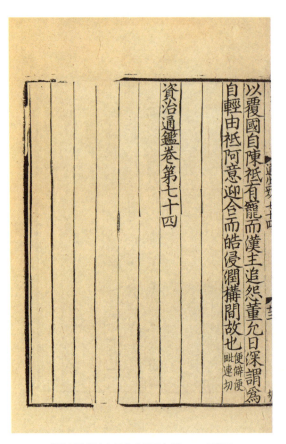

《国家图书馆宋元善本图录》第 0502 号藏品

是南宋时期的刻本；也就是说，第 0502 号藏品很有可能是一部北宋刻本。当然单纯看这一页书影，信息还很不全面，并不能依据它得出确切的结论，目前仅仅是提出一条思索的路径。

另外需要指出的是，若是比照黄永年总结的宋浙本和建本的规律来类推，[1] 由这一刻本带有刻工这一点来看，它应该是官刻或者家刻，而不会是书坊的刻本（第 0500 号藏品也是这样）。那么，官刻或者家刻书籍在避讳方面的严谨性，便意味着第 0502 号藏品上这一处没有避忌高宗名讳的"构"字，不大可能是写样的书手或操刀的刻工在无意之间留下的纰漏，而更应该是刻书时还不需要回避这个"构"字。这样，也就更进一步证实了其出自北宋的推论。这部《资治通鉴》残本只存有三卷，曾是常熟瞿氏铁琴铜剑楼的旧藏。瞿家虽然将其视作广都费氏进修堂刻本，却没有过多关注讳字的情况。[2]

然而全面审视蜀刻本镌记刻工的情况，可以看出其书坊刻书并不像宋代的浙本和建本那样都不镌记刻工姓名，而是有镌有不镌（北方的平水刻书也是这样。这意味着镌记刻工的书坊有另外一种生产的组织和管理方式。关于这一点，以后我会专门论述），所以并不能仅仅依据刻工姓名就把这个本子定为官刻或是家刻。

同这一类《通鉴》密切相关的，还有第 0504 号藏品中的首

---

[1] 黄永年《古籍版本学》，页 70、77。
[2] 清瞿镛《铁琴铜剑楼藏书目录》（北京，中华书局，2006，《宋元明清书目题跋丛刊》影印清光绪刻本）卷九，页 136。

《国家图书馆宋元善本图录》第 0504 号藏品首帧书影

帧书影。《国家图书馆宋元善本图录》对这一藏品的文字说明主要有两点：一是"明晋藩朱钟铉旧藏"，二是"存零叶"。但上面提到的第0500号藏品同样也是明晋藩旧藏，而第0504号藏品中的首帧书影在上书口处刻有字数，下书口处镌有刻工姓名，以及版心上书名"通监几"的镌刻形式，还有它的字体，也都与第0500号藏品相同。因此，这一张书叶同第0500号藏品应属同一刻本，而同第0504号藏品中其他那些书影并不是同一种书籍。

这种情况，既有可能第0504号藏品的这些"零叶"本来就是取自不同的书籍，但也有可能是编纂者稀里糊涂地把其他书籍的书影错置到了这里（我随意翻检这本《图录》，就已发现不止一处类似的错误）。

第二类，就是第0504号藏品。在《国家图书馆宋元善本图录》中，第0504号藏品除了前面提到的首帧书影之外，还列有其他两帧书影，但这两帧书影都是左右分张的整个一个版面。不仅字体同首帧书影完全不同，而且这两帧书影在上书口处还无字数，仅在下部镌有刻工，这同上有字数、下有刻工的首帧书影也迥然不同。从这两帧书影中能够看到的版刻特征，还有书口上镌记的书名卷次为"通监几"或"监几"。除此之外，就是字迹颇显粗率，实际已带有一些元代刻本的特点，而在讳字方面仍可见匡、弘两字俱有阙笔。唯此二字避忌的是太祖赵匡胤及乃父弘殷，除了说明即便属于后人翻刻也是以宋人旧刻为底本外，在这里并没有太大的断代意义。

第三类，为第0503号藏品，仅残存卷二七〇一卷。其突

功矯詔使侍衛都官顧忠召引義入朝自稱權福州
軍府事擅發汀建撫信州兵又戊辛命建州監軍
使馮延魯將之趣福州迎引義延魯先遣引義書
諭以禍福引義復書請戰遣樓船指揮使楊崇保
將州師拒之覺以劍州刺史陳誨為緣江戰棹指
揮使表福州孤危旦夕可克唐主以覺專又命指
群臣多言兵巳傳音不可中止當發兵助
之丁丑覺延魯敗楊崇保於侯官戊寅乘勝進攻
福州西關引義出擊大破之執唐左神威指揮使
楊匡鄴唐主以永安節度使王崇文為東南面都
招討使以漳泉安撫使諫議大夫魏岑為東面監

出特点，是版心既无字数，也没有镌记刻工，字体似更接近南宋浙本而略显僵硬，讳字则仍可见"匡"字阙笔。另外，版心书名卷次是镌作"监几"。另外，从其不记刻工这一点来推测，很有可能是书坊所刻。这个残本出自清内阁大库，后曾入藏潘宗周宝礼堂。张元济为潘氏撰《宝礼堂宋本书录》，乃谓此本所见"宋讳，仅'匡'字阙笔"[1]。

以上这些内容，只是我在翻检《国家图书馆宋元善本图录》时，对同"龙爪本"相关书影所做的粗浅分析，不过是想努力看懂看通这些《通鉴》的书影而已，得出的只是一种模糊的印象，实际上根本无法做出什么判断。

如果再放大胆量做一些揣测的话，那么，我倾向于这四个本子刊刻的先后次序应为：第0502号、第0500号（含第0504号藏品之首帧书影）、第0503号、第0504号藏品。具体来说，第0502号藏品，亦即铁琴铜剑楼旧藏残本，或为广都费氏进修堂在北宋末年原刻的本子，其时后世所知典型的宋蜀刻大字本字体特征尚未全面形成；第0500号明晋藩旧藏本应是南宋时期眉山翻刻原本，字体呈典型的宋蜀刻大字本特征；第0503号宝礼堂旧藏本，从其版刻字体和不记刻工姓名这些特征来看，有可能是南宋后期四川、福建以外地区的书坊翻刻本；第0504号藏品，从字体来推测，或许就是傅增湘所说的元初复刻

---

[1] 张元济《宝礼堂宋本书录》（北京，商务印书馆，2009，《张元济全集》本），页43。

蹉跌則大事去矣 蹉倉何切蹉跌跄也跌徒結切跌踢也 瓌益疑之密
諸之於帝與行營馬步都虞候曹州刺史朱珪謀
因享士伏甲殺彥章及濮州刺史孟審澄別將疾
溫裕以謀叛聞審澄溫裕亦騎將之良者也丁未
以朱珪為匡國留後癸丑又以為平盧節度使兼
行營馬步副指揮使以賞之晉王聞彥章死喜曰
彼將師自相魚肉亡無日矣賀瓌殘虐失士卒心
我若引軍直指其國都彼安得堅壁不動幸而一
與之戰蔑不勝矣王欲自將萬騎直趣大梁周德
威曰梁人雖屢上將其軍尚全輕行徼利未見其
福不從戊午下令軍中老弱悉歸魏州起師趨汴

蜀本。若是这样，由于南宋眉山这个蜀地刻书中心进入元代以后已不复存在，其具体刻书地点就无法测知了。

宋代重刻蜀本《通鉴》，留下刊刻者姓名和具体刻书地点的本子，只有一部，就是鄂州孟太师府鹄山书院刻本。过去清人陆心源的皕宋楼曾经收有一部残本，这就是前面谈到的他以避讳推定为北宋徽宗时期费氏进修堂原本的那部书。此本每卷钤有"静江学系籍官书"朱文长印，陆心源考释云："静江府，宋属广南西路；静江路，元属湖广省，即今广西桂林府。不曰'路学'而曰'静江学'，盖宋时静江学藏书也。"[1]依此，足以排除它是元代重刻的费氏进修堂刊本，也就是说起码可以排除傅增湘所说元初复刻的可能。此本后随所有皕宋楼宋元珍本一同进入日本静嘉堂文库。该文库经过仔细核查后，认定陆氏北宋本的说法很不准确，其讳字实含钦宗、高宗、孝宗、光宗、宁宗避忌的桓、构、慎、敦、郭诸字，乃是南宋时鄂州孟太师府鹄山书院翻刻费本。[2]其具体刊刻时间，依据讳字，则可定在宁宗时期。

这个刻本的版式和字体都同前面谈到的铁琴铜剑楼旧藏残本非常接近，特别是版心的书名卷次刊作"通监某朝几"，这是我们在国家图书馆收藏的四种"龙爪本"系统《通鉴》残本中仅见于铁琴铜剑楼旧藏残本的，显示鹄山书院刻本很可能是直接翻刻此本，这也增大了铁琴铜剑楼旧藏残本属费氏进修堂

---

[1] 清陆心源《仪顾堂题跋》卷三《北宋蜀费氏进修堂大字本通鉴跋》，页49—50。
[2] 日本静嘉堂文库编《静嘉堂文库宋元版图录》（东京，汲古书院，1992）之《图版篇》，页73—74；《解题篇》，页22。

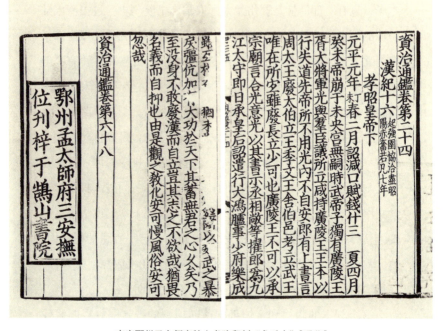

南宋鄂州孟太师府䳗山书院翻刻"龙爪本"《通鉴》
（据《静嘉堂文库宋元版图录》）

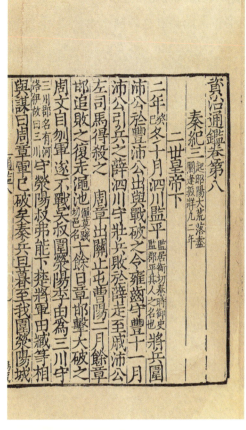

《国家图书馆宋元善本图录》第 0505 号藏品
至元二十六年至二十八年间魏天祐福州刻本《资治通鉴》

原刻的合理性。把相关的版本联系起来，梳理其来龙去脉，这样才能更好地认识每一种具体的版刻。

国家图书馆未能藏有这种鹄山书院刻本，但另有一种元世祖至元二十六年（1289）春至二十八年（1291）年初梓行的"龙爪本"《资治通鉴》，主持其事的是"奉国上将军福建等处行尚书省参知政事魏天祐"，刻书的地点就在福建行省的治所福州。魏天祐讲述其刊刻缘起说："予旧收蜀本《通鉴》，视江南诸本为善，惜其今无存梓也。乃命工翻刊。"[1] 国图存有两部这个版本的《通鉴》，但也都是残本。一部是《国家图书馆宋元善本图录》上的第0505号藏品，存71卷；另一部为0506号藏品，仅存1册零叶。

这书虽然是在福建刊刻，但由于是一种官刻本，所以每页书口下部自然镌有刻工姓名。比较特别的是，书口鱼尾处仅刻一横杠，书名卷次是刻作"通监几"或"监几"。其字体虽是沿承蜀本旧式，但已颇显粗率，只是完全没有受到建阳坊刻的影响。

三 建本系统诸本

谈到建本系统的《资治通鉴》，不能不首先从《四部丛刊初编》影印的那一部宋刻本说起。这主要是因为存世建本系统

---

[1] 傅增湘《藏园群书经眼录》卷三鄂州孟太师府鹄山书院刻本"资治通鉴"条录魏氏序文，页234。

的宋元古本,都是残本,没有一部原配的全书,相对来说,这个本子阙佚不多,而且因印入《四部丛刊初编》而影响广泛,所以在这里要先来讲讲它的情况。

这部书,在清代曾经卢文弨、孔广陶等递藏,是张元济以廉价由孔广陶次子昭鋆处为涵芬楼购得。[1] 购得此书后,张元济就将其印入《四部丛刊初编》。当时因"校阅者仅见宋讳阙笔至'构'字止,故定为绍兴重刊本"[2]。更确切地说,当时是因其附有绍兴初年的"校勘监视人衔名"等而被张元济误认作绍兴二年至三年刊印的两浙东路茶盐司刻本了。[3]

但后来在上世纪五十年代初编著《涵芬楼烬余书录》时,张元济便已经放弃了这一看法,述云:

> 长洲章君式之(德勇案:即章钰)取校胡刻,谓与江安双鉴楼傅氏(德勇案:即傅增湘)百衲本第六种板匡字体相似,其本原有脱文讹字,此均订补。且指出宋讳"惇"字,亦已阙笔,定为建刻之重校本。其说良信。今兹覆阅,见有宋讳所阙之笔,每加嵌补,俾复原形,痕迹甚显者。是且可定为元时重修印本矣。[4]

---

[1] 傅增湘《藏园群书经眼录》卷三卢文弨、孔广陶等旧藏"资治通鉴"条,页233。
[2] 张元济《涵芬楼烬余书录》(北京,商务印书馆,2009,《张元济全集》本),页239。
[3] 商务印书馆编《缩本四部丛刊初编书录》(上海,商务印书馆,1929),页21。
[4] 张元济《涵芬楼烬余书录》,页239。

章钰所定"建刻之重校本"语义不够明晰，是重刻再版新印，还是校补旧版重刷，一时不大好琢磨。

检章说见所撰《胡刻通鉴正文校宋记述略》，乃谓此本与傅氏百衲本之第六种虽"板匡字体"皆相似，但与其明显不同的是"逐叶板匡外皆有耳题"，故乃"为显然两刻"。[1]故所谓"建刻之重校本"应当是指依据傅氏百衲本第六种之建本重校再刻的新版。傅增湘审其版式字体，也认为它"是宋时据大字建本翻雕者"，他讲的这个"大字建本"，也是指其百衲本《通鉴》中的第六种本子[2]。确切地说，因涵芬楼买到的这部书是入元以后经修补版面刷印的本子，故应称作宋刻元修本。又据章钰、张元济所说宋讳避至"惇"字的情况，其原刻时间可定在光宗绍熙年间。不过铁琴铜剑楼所藏另一同版残本，避讳阙笔至宁宗的"郭"字，故铁琴铜剑楼主人"疑出宁宗时"，傅增湘也沿袭了这种说法[3]。这样看来，那就应该是庆元年间以后的刻本了。联系其所从出的那一"大字建本"即为宁宗时刊本这

---

[1] 章钰《胡刻通鉴正文校宋记述略》（北京，中华书局，1956，《资治通鉴》卷首附印本），页11—12。

[2] 傅增湘《藏园群书经眼录》卷三卢文弨、孔广陶等旧藏"资治通鉴"条，页233；又傅增湘《藏园群书题记》卷二《百衲宋本资治通鉴书后》，页106。

[3] 清瞿镛《铁琴铜剑楼藏书目录》卷九，页136。傅增湘《藏园群书题记》卷二《百衲宋本资治通鉴书后》，页105。案依据卷末附有绍兴两浙东路茶盐司刻书题记和校勘官员衔名的情况，铁琴铜剑楼主人瞿氏以为此本系绍兴两浙东路茶盐司书版"修板印行"，傅增湘则以为此本是"南宋宁宗以后闽中覆刻绍兴浙东茶盐司公使库刊本"。请注意傅增湘此说同他"疑此本或从建本翻雕"的看法是相互抵牾的。

一情况[1]，恐怕还是傅增湘的说法要更为切实一些。

《四部丛刊初编》当作底本影印的这部书，今存国家图书馆，即《国家图书馆宋元善本图录》上的第0497号藏品。审其著录失宜之处，有如下两点：

一是未能采纳张元济后来修订的意见，将其定为"宋刻元修本"，仍仅称作"宋刻本"。作为这么专门的版本学著述，又是像《资治通鉴》这么重要的史学名著，竟然连张元济这么权威的见解都没能吸收，这不能不说是一项非常严重的疏误。这对文史学者利用其书，不能不产生很严重的消极影响。

二是这部书略有残阙，阙卷一三九至一四〇、卷二一四至二一六、卷二六五至二六七，这八卷是以清抄本补配。这补配的抄本，版式、字体都同原刻本非常相像，且仍避宋讳，只是没有原刻本所带的书耳以及每版的字数和刻工姓名。比较得当的做法，应至少选取一页抄本，加载《图录》，可《图录》中共展示三帧书影，却没有一幅抄补的页面。

这部宋刻元修本《通鉴》，对于研究《资治通鉴》版刻历史，具有特别重要的价值。原因就是在它的末尾，附镌有绍兴二年至三年两浙东路茶盐司重刻元祐国子监本的校勘官员衔名和两浙东路茶盐司的刻书题记。这些内容，在今国家图书馆藏两浙东路茶盐司刻本中已佚失不存。在前面第一节里我已经谈到，正因为如此，当年被收入清宫时便被当作元祐年间的"未

---

[1] 傅增湘《藏园群书题记》卷二《百衲宋本资治通鉴书后》，页105。

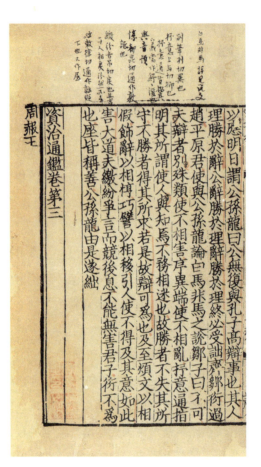

《国家图书馆宋元善本图录》第 0497 号藏品
南宋绍熙间福建刊刻元朝修补修印本《资治通鉴》

過爾輕卒今猶欲將二三千人自隨公意何如顯達曰殿下若不留部曲乃是大違敕旨其事不輕且此間人示難可收用子樹默然顯達因辭出即發去子樹計未立乃之尋陽西昌侯鸞爲將謀廢立前鎭西咨議參軍蕭衍與同謀荆州刺史隨王子隆性溫和有文才鸞欲徵之恐其不從唯行曰隨王雖有美名其實庸劣既無智謀之士爪牙唯仗司馬垣歷生武陵太守卞白龍耳二人唯利是從若啗以顯職無有不來隨王子隆之鎭梁也歷生爲寧朔將軍隊主白龍爲游擊將軍二人並至續召子隆爲侍中撫軍將軍戊壽陽慧景惺人以蕭衍爲寧朔將軍戍壽陽慧景
高武舊將鸞慮生疑之

注初刻"原本。其实换个角度看，或许正是为了蒙骗清宫官员，以晚充早，才被奸人特意撤出了这些绍兴初年两浙东路茶盐司刻书的注记。考虑到这一点，《国家图书馆宋元善本图录》刊载的三帧书影中，理应腾出一个版面，印上一叶这个本子篇末附刻的两浙东路茶盐司本的刻书题记和校勘官员衔名。

张元济起初误以为这部建本《通鉴》是绍兴初年两浙东路茶盐司刻本，这显示出当时的学者对历代版刻规律性特征的认识还很不充分。现在我们稍习古代版刻的学人，大多都很容易看出这部书籍明显的建本特征，而不会把它误认作两浙东路茶盐司的刻本。因为其明显的建本颜体字同两浙东路茶盐司刻本所应具有的浙本欧体字差异实在是太大了，根本没有理由将其混为一事。然而，一生自视"对版本学不愿以第二人自居"的张元济，[1]在当时就犯下了这种看起来似乎是很"低级"的错误，这就是时代的局限。在对这一版刻性质的认识上，过去清人陆心源就是这样的看法，[2]张元济并没有什么进步。在我看来，真正系统而又确切地建立起宋代三大地域版刻体系的是黄永年；是黄永年的《古籍版本学》才清楚地区分开浙本、蜀本、建本这三大地域各自的字体等版刻特征。

另一方面，这个宋刻元修本的版刻状况是颇为整饬的，但

---

[1] 张元济《涉园序跋集录》（台北，台湾商务印书馆，1979）篇末王云五跋，页280。

[2] 清陆心源《仪顾堂续跋》（北京，中华书局，2009，冯惠民整理《仪顾堂书目题跋汇编》本）卷六《宋椠建本通鉴跋》，页333—334。

人们对它的版刻性质，一直没有做出过清楚的说明。就其字体和书耳等版刻形式来看，这部书当然属于建本的系列，但古籍版本学中所讲的建本，通常更多的是指建阳书坊的刻本；至少所谓"建本风格"指的就是建阳书坊刻书的风格，而福建地区的官刻本与之并不一定完全相同。

前此我撰写《所谓兴文署本胡注〈通鉴〉的真相及其他——写在胡刻〈通鉴〉影印出版的时候》一文，依据黄永年在《古籍版本学》中总结的规律性特征，由南宋时期的浙本和建本对元代福建地区的版刻做出推论说："凡是镌梓刻工姓名的福建刻书，都只能是当地官刻或是家刻，而不会是书坊刻本。"现在我们看这部卢文弨旧藏宋刻元修本《通鉴》的情况就是这样：上书口有字数，下书口有刻工。所以，这应该是一部福建或其毗邻地区的官刻本或家刻本，不宜与坊贾产品等量齐观。这是我们在利用这部《通鉴》从事校勘或学术研究时应当予以充分重视的。

这种宋刻元修本《通鉴》，还有几部存世，但也都是残本，而且阙佚的卷次也都不比《四部丛刊初编》影印的这部书少。国家图书馆另外还存有两部：一部是剩存九十四卷的本子，即《图录》上的第0498号藏品；另一部是剩存九十二卷的本子，即《图录》上的第0499号藏品。

本来像这样版本完全相同的两部书，《图录》编纂者理应予以说明，不过这部《图录》对这种情况统统一语未著。或许都是想让读者猜着看，或许编纂图录的人自己也搞不清楚到底是怎么一回事儿。

另外，既然两部书籍版本完全相同，那么选择其中一部多展示一些页面，另一部就少展示一些页面，节省篇幅，以便安排其他更需要载录的版面，这应该也是自然而然的做法，用不着耗费心思也都是想得到的。可是我们在《图录》中看到的情况，却不是这样。

首先让我们来看第0498号藏品，此本为瞿氏铁琴铜剑楼旧藏，它同第0497号藏品，也就是《四部丛刊初编》的那部底本相比，乃是秋色平分，两部书各登载三帧图片，谁和谁都一个样。

唯一歪打正着多少提供了一点儿独特价值的地方，是由于这个本子残存的部分是从第四卷开始，因而在卷四的首页上钤满了藏家印章，《图录》编纂者就把这一页印入书中，而《四部丛刊初编》本的底本，恰恰阙失了这一书页。我们看下面这两幅图片，显而易见，《四部丛刊初编》本的这一页面是用他本补配的。

这个页面当然最有可能是出自抄配，但若是这样，它同其他抄配阙卷的写法是完全不同的：其他那些清抄本完全模仿原书的建本颜体字笔法，而这一书页写的却是浙本的欧体字。若谓此页是用其他刻本补配，那么，依据目前所知的情况，我们还不知道有过这样一种刻本。其究竟是刻是写，看不到原书，现在还很难确定。

不管怎样，《图录》选印这一页书影，还是给我们提供了

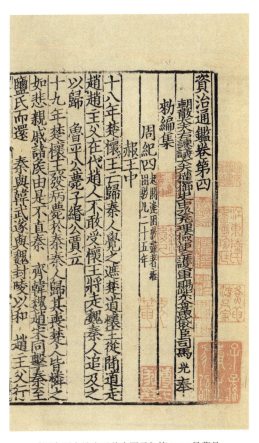

《国家图书馆宋元善本图录》第 0498 号藏品

資治通鑑卷第四

朝散大夫右諫議大夫權御史中丞充理檢使護軍賜紫金魚袋臣司馬光奉

勑編集

周紀四 起閼逢困敦盡著雍

赧王中

赧王中

十八年楚懷王亡歸秦人覺之遮楚道懷王從間道走趙趙主父在代趙人不敢受懷王將走魏秦人追及之以歸

十九年楚懷王發病薨於秦秦人歸其喪楚人皆憐之如悲親戚諸侯由是不直秦 齊韓魏趙宋同擊秦至鹽氏而還 秦與韓武遂與魏封陵以和 趙主父行

一些独特的版本信息,这对古籍版本和文献校勘的研究都有一定的价值;同时,它还提示我们注意,《四部丛刊初编》本的底本除了一般著录的那些阙卷之外,还有一些阙页也是用他本补配的。

至于第0499号藏品那个九十二卷残本,就更没有什么特出之处了。此本为翁同龢旧藏,其唯一值得称道的是,其刷印时间似乎较早,至少比《四部丛刊初编》本所依据的那个底本刷印得会更早一些,可这也不值得这部《图录》的编纂者竟给了它整整五幅页面!特别是在《图录》的文字说明中叙述说在这残存九十二卷书中另外还配有"其他两种宋刻本"。那么,在《图录》给出的五个页面中总该为这"其他两种宋刻本"各自留出一幅图的位置吧?可《图录》的编纂者就真的能把这五幅页面都印成了跟《四部丛刊初编》同样版本的书影!而且在文字说明里连个行款也没做交代。这真是应了那句俗话——只有你想不到的,没有他做不到的!所谓"学术界"也是和这大千世界芸芸众生一样奇妙。

好在通过这本《国家图书馆宋元善本图录》我们毕竟可以清楚地判断上述三种建本《通鉴》的同版性质,而且这部书中存有《四部丛刊初编》底本所阙佚的卷一三九至卷一四〇、卷二一五至卷二一六,可以为其补上八卷佚篇中四卷。另外,铁琴铜剑楼还藏有一部这个版本的残本,仅阙佚二十五卷,今存上海图书馆。幸运的是,《四部丛刊初编》底本的全部阙卷,这个本子都保存完好。还有上海图书馆所藏另一残本中也存

資治通鑑卷第二十三

翰林學士朝散大夫右諫議大夫權御史中丞充
史館修撰兼判館事提舉崇文院兼譯經潤文官
上柱國賜紫金魚袋臣司馬光奉 勅編集

漢紀十五 起旃蒙協洽盡玄黓閹茂凡十二年

孝昭皇帝上

始元元年夏益州夷二十四邑三萬餘人皆反遣水衡
都尉呂破胡募吏民及發犍為蜀郡犇命往擊大破之
秋七月赦天下 大雨至于十月渭橋絕 初武帝
崩賜諸笑王璽書燕王旦得書不肯哭曰璽書封小京
師疑有變遣幸臣壽西長孫縱之長安以問
禮儀爲名陰刺候朝廷事及有詔褒賜旦錢三十萬益

有《四部丛刊初编》底本阙佚的卷二六五。这样，若是有好事者比较这些残本的刷印早晚和保存状况，再充分利用像第0498号藏品中的那些《四部丛刊初编》底本已经阙佚的页码，精心选择后替换下那些清代以来抄补的卷次和页码，显然可以凑成一部同版集纳的建本《通鉴》。常语云"有志者事竟成"，但有的事情，并不需要多么宏伟的志向，只要足够好事儿，再认真去做，很容易就能做成。

《国家图书馆宋元善本图录》另外还有一部建本系统的本子，这就是其第0501号藏品汪士钟旧藏十五卷《通鉴》残本。这个版本，就是刚才提到的章钰和张元济以为《四部丛刊初编》底本所从出的那个建本，也就是傅增湘百衲本《通鉴》中的第六种本子。

这个本子的行款同《四部丛刊初编》本的底本非常相近，都是每半页11行，每行21字，左右双栏，黑顺鱼尾。两本所不同者，一是此本为细黑口，《四部丛刊初编》本底本为白口；二是此本无书耳，《四部丛刊初编》本底本则在左边框上方镌有书耳；三是此本版心无字数、刻工，《四部丛刊初编》本底本版心却有字数、刻工。这第三点特征说明此本刊刻出自建阳书坊。傅增湘称其"大字精楷，秀丽方峭，雕工极有锋颖。纸质莹细，墨气亦致佳。颇似黄善夫本《史记》、刘元起本《汉书》，是建本中之最佳者。宋讳敦、郭皆缺笔"[1]。从其与

---

[1] 傅增湘《藏园群书题记》卷二《百衲宋本资治通鉴书后》，页104。

黄善夫本《史记》、刘元起本《汉书》同出建阳书坊这一点来看，傅增湘讲的这几部书籍在版刻字体上所具有的相似性，也不是一种偶然的现象。

最后简单谈谈傅增湘旧藏百衲本《通鉴》的情况。此本大致在清朝初年由季振宜以七种宋刻本集配而成，另外还配有部分明抄本，故号称"百衲本"。民国初年，傅增湘从端方家购得，与元刻明印本胡注《通鉴》，合为"双鉴楼"中自得重宝。傅增湘得书一年后即将此本交由商务印书馆影印，至1919年春印成行世。唯印本无多，今人检阅，亦非易事。商务印书馆印行此书时，正好刚从南海孔氏购得《四部丛刊初编》本的底本，故以此《四部丛刊初编》本的底本抽换掉了百衲本中那些抄配与缺损的卷页，使百衲本的影印本较其原本增多一种刻本，实际共汇集有八种刻本。[1]

百衲本原本中的七种印本，第一种是绍兴初年的两浙东路茶盐司刻本，属于浙本而非建本。其余六种，傅增湘称"均建本精刊"[2]。其中第六种，就是上文刚刚讲过的本子。傅增湘称剩下的"其他密行小字本五种，亦皆初印精湛，且无一种见于诸家著录者。其中有四种版心题'正鉴'或'正监'，颇疑为与南宋人撰《续通鉴》同刊者"[3]。

---

[1] 傅增湘《藏园群书题记》卷二《百衲宋本资治通鉴书后》，页103—106；又傅增湘《藏园群书经眼录》卷三百衲本"资治通鉴"条，页231—232。
[2] 傅增湘《藏园群书经眼录》卷三百衲本"资治通鉴"条，页232。
[3] 傅增湘《藏园群书题记》卷二《百衲宋本资治通鉴书后》，页106。

这五种版本的《通鉴》，至今所知仍仅有存于此百衲本中的残卷，故《国家图书馆宋元善本图录》在著录这部傅增湘旧藏百衲本时理应予以突出体现，而对《图录》中已经另有专门体现的两浙东路茶盐司刻本却可载可不载，可以说无关紧要。然而我们在《图录》中却只看到三帧其第一种版本亦即绍兴初年两浙东路茶盐司刻本的书影，而且其中还有一帧同第0495号藏品选用的竟是同一个页面！这路数，这道理，《图录》编纂者到底动的是什么脑筋？实在是让人怎么想也想不通，怎么看也看不明白。

四　胡注本散论

　　上面从浙本、蜀本、建本三大体系入手，主要结合《国家图书馆宋元善本图录》所提供的资料，谈了我对《资治通鉴》宋元版本的理解。在此基础上再来看胡三省注本《通鉴》，或许也会有一些特别的认识。

　　首先是我们看待胡注《通鉴》，不仅要关注其自家独有的注释文字，还要重视胡注所依傍的《资治通鉴》本文。通观前文所述《资治通鉴》的传世版本，可知就其主体部分亦即二百九十四卷《通鉴》主文而言，存世最早的版本，是绍兴二年至三年间浙江东路茶盐司刻本。

　　其次，若以众本拼凑成为一书，就是南宋宁宗庆元年间以后刊刻而于元代刷印的福建大字刻本了，这也就是《四部丛刊初编》影印本所依据的那种底本。接下来，就是大致在元成宗大德后期至泰定帝致和之间刻印的胡三省注本了。

虽然胡三省注本所依据的司马光书底本一时还很难考辨清楚，但由其成书时间较早，我们还是很有必要对胡注《通鉴》的本文予以充分重视。

胡注本《通鉴》在元代刊行之后，由于胡三省详赡的注释对人们阅读《通鉴》帮助良多，遂使得胡注本迅速通行天下。从此以后，无注的白文《通鉴》，就基本不再流通。但是在明朝嘉靖年间，仍刊行有一部白文《通鉴》，这就是明嘉靖二十四年（1545）孔天胤在杭州依据宋本刊刻的本子。清人陆心源"以元刊胡三省注本校一过，知胡本颇多夺落，而此本不夺……据天胤序，以唐荆川家宋本付雕，故皆与绍兴监本同"[1]。不过近人章钰核校后以为虽"此本与各宋本多相应"，但仍"间有佳处，出各宋本之外。又有胡注本云误而此本不误者，疑即据胡说改正，不敢遽信为全出宋本也"[2]。

另外在这里附带说一下，胡三省注本夺落的《通鉴》本文，其中绝大多数，并非仅存于嘉靖孔天胤本，而这些文字在宋两浙东路茶盐司本或《四部丛刊初编》本这些宋本《通鉴》中基本上也都保存完好。这一点，略一翻检中华书局点校本所附章钰校勘记，就可以看得一清二楚。

---

[1] 清陆心源《仪顾堂续跋》卷六《明嘉靖仿宋资治通鉴跋》，页334—336。
[2] 章钰《胡刻通鉴正文校宋记述略》，页12—13。

明嘉靖孔天胤刻本白文《通鉴》
（据《第二批国家珍贵古籍名录图录》）

这既是嘉靖前后重刻古本风潮下人们不满足于胡三省注本而在寻求更为原始、更为可靠的《通鉴》版本，也说明胡注本的《通鉴》本文确实存在值得重视的问题。现在我们既然有比较便利的条件利用诸如两浙东路茶盐司刊本和《四部丛刊初编》影印宋刻元修本等宋元古本，在研究中遇到有所疑惑的文字，就要随时勤于校勘考订，不必非等古籍整理专家给你校出个定本不可。其实真正疑难的文字，大多只能由研究者结合具体的问题来自行解决，古籍整理专家解决的往往是无关紧要的皮毛问题，所以他们也不可能给你校出个万事大吉的定本来。对像司马光《资治通鉴》这样的大书，由于问题千头万绪，情况更是这样。

　　从另一方面来看，在胡三省注释《通鉴》之前，已先有宋人刘安世著有注解《通鉴》的《音义》十卷，但胡三省已称其书于世不传。后来两宋之际人史照又撰著《资治通鉴释文》三十卷，为《通鉴》注音释义，前面第二节讲到的蜀刻"龙爪本"《通鉴》，就采录了一部分史照的释文。胡三省注释《通鉴》的起因，就是想要订正史照《释文》的乖剌之处[1]，后来注释的范围和深度虽然都已超越史氏很多，但他还特地另行著有《通鉴释文辩误》十二卷，考辨史氏《释文》的谬误。

　　不过史照的注释虽不如胡注精深详备，却也不是胡注能

---

[1] 元胡三省注《资治通鉴》（北京，国家图书馆出版社，2020，影印上海图书馆藏元刻初印本）卷首胡氏《新注资治通鉴序》，页4a。

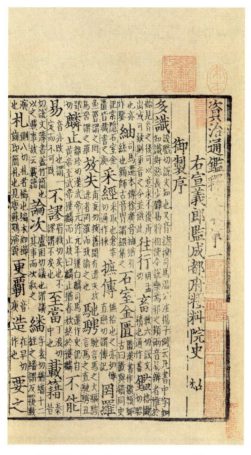

《国家图书馆宋元善本图录》第 0518 号藏品
宋建阳书坊刻本史炤《资治通鉴释文》

够完全取代的。清人阮元评述史、胡两注的长短,谓"三省作《辩误》,摭其一二缺失诋史者……未免太过。三省以地理名家,而小学不甚究心,大率承袭史氏旧文,偶有改易,辄成罅漏"[1]。读书做学问,有其长也就必有其短,这是古今不变的通义,阮氏此语,可谓公允之论。

收录在《国家图书馆宋元善本图录》中的第0518号藏品《资治通鉴释文》,就是当年阮元阅读并收藏过的那部宋刻本。从版式和字体上看,此本显然出自建阳书坊。

至于胡注《通鉴》的元刻旧本,情况倒相当简单——只有台州路儒学刊刻的一部书版,这部书版入明后被南京国子监征用。其能够得到确认的元朝原版的印本,现在除了上海图书馆收藏的那部初印之本以外,都是残缺严重的零篇,《国家图书馆宋元善本图录》中的第0507至0509号藏品这三部书籍都是这样,而其第0510至第0511号藏品这两部书籍则是南监修补书版后的印本。现在国家图书馆出版社已经把上海图书馆藏元刻初印孤本影印于世,其他这些元刻本,不管是没有修补过版片的残篇零卷,还是明人修版后刷印的全帙,哪怕还有个别元代的印本存世,对于绝大多数研究者来说已经统统失去了版本价值,对普通念书人更几乎毫无意义。

最后,回到《国家图书馆宋元善本图录》的著录方式上来看,第0507至0509号藏品既然都是用未经修补的元版刷印,

---

[1] 清阮元《揅经室集》二集卷七《史照通鉴释文跋》,页557。

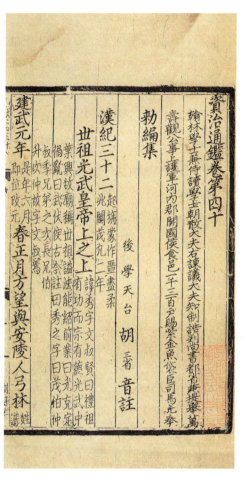

《国家图书馆宋元善本图录》第 0508 号藏品
元刻原版印本胡注《通鉴》

而这种元版又都是同一副版片，那么，第一，当然需要说明一下它们属于同一个版本，第二，没有必要展示太多这同一版本的页面。可我们看到的实际情况是，依照全书荒唐的"通例"，对这三部书籍的同版关系当然没有任何说明，读者们还是要自己猜着看；同时，依据《图录》的页面计算，竟然刊载了整整14幅这同一版本同等刷印状况的书影！还是让我们回头对比一下傅增湘旧藏百衲本中那五种根本没让露脸见个面的建本《通鉴》，看一看《图录》编纂者宣称的"对国家图书馆所藏宋元版古籍逐一著录并配以书影"的体例，真是让人瞪大两眼也看不明白：这"逐一"指的到底是什么？这《图录》到底是怎么个编法？

2020 年 6 月 18 日记

附录

本书未论五种宋刻《通鉴》书影

本书所收诸文，事实上已经论及存世宋元古刻《通鉴》的主要版本。据敝人所知，在这些文稿中没有谈到的存世宋元古本，似乎只有五种建本了——这就是被编入百衲本《资治通鉴》书中的五个本子。

　　这部百衲本《资治通鉴》，现存于中国国家图书馆。《国家图书馆宋元善本图录》著录的第0496号藏品就是这部书。全书是在清朝初年由季振宜集配而成，共集配了七种宋刻《通鉴》。

　　季振宜集配的这部书，后来经汪士钟、端方递藏。至民国初年，为傅增湘所得，旋即于1919年春影印出版，流通于世。不过印本无多，现在学者利用已经很不容易（近年虽复有据傅氏影印本重印者，但已改易原本面目，不适宜用作版本研究）。

　　这个百衲本除了三分之二系绍兴二年（1132）至三年两浙东路茶盐司刻本外，其余六种的字体风格，俱属建本。内有一种十一行大字本，国家图书馆另有残帙，即《国家图书馆宋元善本图录》所著录的第0501号藏品，我在《瞪大两眼也看不通的〈通鉴〉》那篇文稿中已经谈到。

　　剩下的另外五种版本的《资治通鉴》，俱仅以残卷幸存于此百衲本中。在《瞪大两眼也看不通的〈通鉴〉》一文中我已经指出，近期编印的《国家图书馆宋元善本图录》本应逐一体现这几种建本的面貌，但令学人难以理解的是，我们一种也没有见到。

　　为使读者更全面地了解宋元古刻《资治通鉴》的面貌，敝人特地请旅居京都的友人苏枕书女士，在京都大学人文研究所图书馆帮助复制了这几种刻本的书影。兹附录于此,供大家参考。

傅增湘在影印此书时,对这部百衲本中各个版本的情况,逐一做有详细说明。这些说明文字,后来又被编入《藏园群书题记》和《藏园群书经眼录》,这里依据《藏园群书题记》,摘要转录于诸本书影之旁(其版框高度和宽度,是用1寸折合3.2厘米的比率,将傅氏所记营造尺尺寸折合成公制)。

最后需要指出的是,在宋元古刻《通鉴》中,蜀本的情况最为复杂,还有很多问题有待深入研究,本书只是很粗浅地论述了大概的情况。

2020 年 12 月 27 日记

此本系傅增湘印百衲本《通鉴》之第四种
每半页 16 行，满行 27 字。黑口，左右双边。19.8 厘米 × 14.0 厘米
版心记 "正鉴几"
避宋讳至孝宗 "慎" 字止，光宗 "敦" 字不避
存八卷

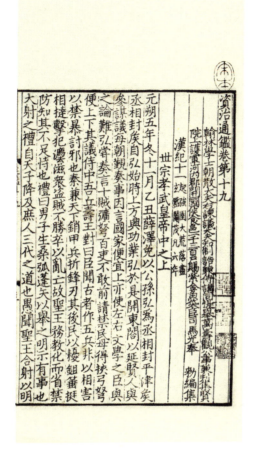

此本系傅增湘印百衲本《通鉴》之第三种
每半页 14 行，满行 24 字。白口，左右双边。17.9 厘米 × 13.7 厘米
版心记"正鉴几"
光宗"敦"字不避
存八卷

此本系傅增湘印百衲本《通鉴》之第七种

每半页 15 行，满行 24 字。白口，左右双边。19.0 厘米 × 14.0 厘米

版心记"监几"

避宋讳至光宗"敦"字

存一卷

此本系傅增湘印百衲本《通鉴》之第二种

每半页 15 行，满行 25 字。黑口，左右双边。19.8 厘米 × 14.0 厘米

版心记"正鉴几"

避宋讳至光宗"敦"字

存十一卷

此本系傅增湘印百衲本《通鉴》之第五种

每半页 16 行，满行 27 字。黑口，左右双边。20.2 厘米 × 14.4 厘米

版心记"正鉴几"

避讳不严

存二十卷

三联书店
近刊作者著作简目

制造汉武帝

海昏侯刘贺

中国印刷史研究

海昏侯新论

辛德勇读书随笔集

版本与目录

天文与历法

金铭与石刻

读史与治史

正史与小说

史事与史笔

通鉴版本谈

正史版本谈